Emil Egli

Die Schlacht von Cappel, 1531

Emil Egli

Die Schlacht von Cappel, 1531

ISBN/EAN: 9783743422216

Hergestellt in Europa, USA, Kanada, Australien, Japan

Cover: Foto ©ninafisch / pixelio.de

Weitere Bücher finden Sie auf **www.hansebooks.com**

Die Schlacht von Cappel 1531.

Mit zwei Plänen und einem Anhange ungedruckter Quellen.

Von

Emil Egli,
Pfarrer in Dynhard, früher Vikar in Cappel.

(Der Reinertrag ist dem Zwinglidenkmale gewidmet.)

Zürich,
Druck und Verlag von Friedrich Schulthess.
1873.

Vorrede.

Die erste Anregung zu der vorliegenden Arbeit verdanke ich meinem verehrten Lehrer, Herrn Professor Dr. M. Büdinger in Wien, früher in Zürich (s. meine „Feldzüge in Armenien etc." in dessen Beiträgen zur römischen Kaiser-Geschichte), die Gelegenheit, sie befriedigend durchzuführen, dem einjährigen Aufenthalte an Ort und Stelle, als Pfarrvikar zu Cappel in den Jahren 1870—71.

Ihr oberstes Ziel hat die Untersuchung darin gefunden, alle irgend zugänglichen Documente beider kriegführender Parteien und deren Gesinnungsgenossen zu sammeln, um auf diesem Grunde unter unbefangener Würdigung der Quellen zu einer sachlichen Darstellung zu gelangen, die einer abschliessenden Untersuchung über den vorgesetzten Gegenstand gleichkommen sollte. Dieses Bestreben wurde durch eine Studienreise im Jahre 1871, die mir den Besuch deutscher Archive ermöglichte, gefördert.

Zum ersten Male sind hier die beiderseitigen Quellen kritisiert und auf allen Puncten zusammengehalten und verwerthet, die Verhöracten des Göldliprocesses von 1532 in gebührende Rücksicht gezogen — wodurch zur Beurtheilung der Heeresleitung und zum Verständnisse der Niederlage überhaupt wesentlich neue Gesichtspuncte zu Tage traten — der Tod Zwingli's nach allen Quellen beleuchtet, die politischen Beziehungen fruchtbar gemacht, die Kunde von dem Ereignisse an der Hand in- und ausländischer Nachrichten sorgfältig verfolgt und die Darstellung der Vorgänge durch Terrainstudien erhärtet und durch genaue Pläne veranschaulicht; der eine, allgemeine, hat die topographische Karte des Cantons Zürich im Maassstabe von 1:25,000 zur

Grundlage, der andere meine eigene, auf dem Schlachtfelde selbst erhobene und durch Photographie auf den Maassstab von ca. 1 : 5000 reducierte Aufnahme. Eine Liste enthält die sämmtlichen noch bekannten Namen der Schlacht-Theilnehmer beider Lager mit möglichst vielen biographischen Notizen, und der Anhang bietet die wichtigsten ungedruckten Quellenschriften in vollständiger Wiedergabe.

All den Herren Gelehrten und Vorstehern von Archiven und Bibliotheken, die mich in der Lösung der manigfaltigen Aufgaben vorliegender Arbeit durch freundliche Handleitung und Zusendungen gefördert haben, spreche ich meinen höflichen Dank aus. Vor Allem gebührt derselbe Herrn Professor Dr. Georg von Wyss und der vaterländisch-historischen Gesellschaft in Zürich; denn nur durch eine bedeutende ökonomische Unterstützung von dieser Seite ist die Veröffentlichung vorliegender Schrift sicher gestellt worden — sowie Herrn eidg. Obersten Rothpletz in Aarau, der mir durch eine eingehende Kritik für manche Puncte eine präcisere Fassung und Darstellung ermöglichte; seiner Arbeit ist ferner der Abschnitt über Kriegsplan und Kriegsführung Zürichs wörtlich entnommen.

Dynhard, Ct. Zürich, im August 1872.

Der Verfasser.

Litteratur.[1]

Blättler, Klaus, von Hergiswyl in Unterwalden, Theilnehmer an der Schlacht, Schlachtbericht. Titel: „Bericht von wegen der Cappelschlacht Ao. 1531 beschehen, von Claussen Blettler von Hergiswyl in Unterwalden, so selbs by vnnd mit gsin, ein 32järiger Kriegsman selbiger Zit, sins Alters vngewarlich im 84 Jahre; vffgenommen — Zinstags 6 Augusti 1583 durch Renwart Cysat, Stattschryber zu Lucern." Manuscript im Staatsarchiv Luzern Buch E. 135. Abgedruckt im Geschichtsfreund der V Orte, Band VII, 1851.

Bucholz, F. B. von, Geschichte der Regierung Ferdinands I. Band 3. Wien 1832.

Bullinger, Heinrich, Reformationsgeschichte, nach dem Autographon herausgegeben auf Veranstaltung der vaterländisch-historischen Gesellschaft in Zürich von J. J. Hottinger und H. H. Vögeli. 3 Bände, Frauenfeld 1838—40.

Bullinger sagt in der Zueignung der zwei Manuscriptbände an die Chorherren, dass er das Material 1533 (vor 40 Jahren; er schreibt die Zueignung im Mai 1573) gesammelt habe. Eingesehen wurden folgende Handschriften, zum Theil unter den Namen der Copisten cursirend:

1. Chronik des Cappeler Kriegs. Mscpt. 2285 fol. der grossh. Hofbibliothek zu Darmstadt, vielleicht aus Bullingers Sammlung und aus dem Ende des 16. Jahrhunderts stammend.[2]

2. Manuscript mit der Bemerkung: „geschryben durch Mich Felix Oggenfuss, Metzger vnd Burger zu Zürich — jm 1595 Jars." Sauber auf Papier geschriebener Manuscriptband im Besitze des Hrn. Pfarrhelfer Wikart in Zug.

3. Der ander Capplerkrieg bis zum anderen vffgerichten friden. Ms. B. 62 der Stadtbibliothek Zürich.

4. Ein Cappelerkrieg. Bruchstück ohne Titel in 4°, Ms. G. 328 der Stadtbibliothek Zürich.

5. Beschreibung des Ersten und des zweyten Cappeler Kriegs Ao. 1529 und Ao. 1531. Ms. G. 273 der Stadtbibiothek Zürich. (Im gleichen Einband eine Copie des Füssli'schen Berichts, s. d.)

6. Reformationsgeschichte, Copie von Zunftmeister J. Caspar Ott, 1812, modernisirt, die ganze Reformationsgeschichte enthaltend, nebst ver-

---

[1] Die Briefe und andere kleinere Acten der Archive sind hier nicht aufgenommen.

[2] Etwas jünger scheint eine dort befindliche handschriftliche [Chronik] von den Tigurinern Ms. 121 zu sein. Nach Schrift und Orthographie zu schliessen, kann dasselbe nicht von Bullinger selbst geschrieben sein (wie ein Berner Gelehrter in Darmstadt erklärte). Bullingers Autographon in Zürich ist in durchaus anderer Schrift geschrieben.

schiedenen Beilagen, so von Salat. Im Besitze des Hrn. Kammerer Esslinger in Obfelden.
7. Hienach folget der Krieg zuo Cappel, ouch wie vnd wordurch wem der stadt Zürich panner etc. Ms. A. 133 der Stadtbibliothek Zürich.
8. Von dem Kabeler Krieg, wie sich der selbig zuo tragen hatt u. s. w. Ms. B. 52 der Stadtbibliothek Zürich.
9. Grebel, Joh., von dem Cappeler-Krieg, wie sich derselbig zugetragen u. s. w. (der Titel wie Nro. 8). Ms. A. 81 der Stadtbibliothek Zürich, vollendet 1607.
— Nüscheler citiert durchgehends Grebel statt Bullinger.

Bullinger, Heinrich, vff die schönen Boppen des Spruchs von dem Krieg zwüschend den V Orthen und anderen Orthen der Eydtgnoschafft glimpfliche Verantwortung etc. Salz zum Salat, Ao. 1532. Ms. 4^0. Stdtb. Zürich.
1. Manuscript von Joh. Caspar Ott (s. oben Nro. 6) p. 679—703.
2. Manuscript der Stadtbibliothek Zug, von unbestimmter Zeit.

Bullinger, Heinrich, vff Johansen Wynnischen Bischoffs Trostbüchlin etc. trostliche Verantwurtung u. s. w. Zürich, Froschauer 1532. 8^0. — Ohne Detailangaben über die Schlacht. Das Hauptsächlichste ist in Salats Chronik zu pag. 346 angedeutet.

Businger, Jos., Geschichte des Volkes von Unterwalden ob und nid dem Wald. 2 Bde. 8^0. Luzern 1828.

Businger, Jos., u. Zelger, S. N., Kleiner Versuch einer besondern Geschichte des Freistaats Unterwalden. Luzern 1789—91. 2 Thle. 8^0.

Fassbind, Th., Geschichte des Cantons Schwyz bis auf die helvet. Staatsumwälzung. 3 Bde. 8^0, Schwyz 1832—1838.

Füsslin, Peter, von Zürich, Büchsenhauptmann an der Schlacht, Schlachtbericht. In folgenden Handschriften eingesehen:
1. Historj des Cappeler Kriegs Ao. 1531, aus dem Original desselben (Füssli's) abgeschrieben, Ms. G. 273 fol. der Stadtbibliothek Zürich, mit der Bullinger'schen Copie Nro. 5 zusammengebunden. Voraus die Ueberschrift „Jesus † Maria". Nach dieser Handschrift unser Abdruck im Anhang.
2. Grundtlicher Bericht etc., durch Bibliothekar Peter Füssli 1665 „von wort zu wort aus einer Copey der Kanzlei Zürich" abgeschrieben. Ms. A. 61 der Stadtbibliothek Zürich.
(Haller nennt ein Manuscript 70 Seiten in 4^0 als Urschrift. Ich konnte dasselbe nirgends finden.)

Füsslin, Peter, Bibliothekar, persönliche Bemerkungen über den Büchsenhauptmann (s. vor.), als Nachtrag zu seiner Copie (s. vorhin Nro. 2).

(Gelzer) Die Schlacht von Cappel, Huldreich Zwingli's Todestag. Zürich 1831.

Geschichtsfreund, der, Mittheilungen des histor. Vereins der V Orte Luzern, Uri, Schwyz, Unterwalden und Zug. Bände 7, 8 u. 12. Einsiedeln 1851, 1852, 1856.

Grundriss Meiner gnedigen Herren von Zürich Amthausses Cappel und darzu gehörigen güteren und Höltzer u. s. w. Wie selbige under Juncker Hans Blaarer von WartenSee verfertigt jm Jahr 1738. In Doppel auf dem Staatsarchiv Zürich, Pläne 192 a u. b.

Gyger'sche Kantonskarte 1650. Im Staatsarchiv Zürich.

Haller, Gottlieb Emanuel, Verzeichniss der Bücher und Schriften betreffend die schweizerische Reformationsgeschichte. Im Archiv des Piusvereins Band L.

Hertenstein, Leodegar von, aus Luzern, Theilnehmer an der Schlacht, Schlachtbericht, 1532. Original im Staatsarchiv Luzern. Abgedruckt im Anhang.

Hinwyl, Johannes von, Acta Bellici tumultus confœderator., Ao. 1531. Das Original in Einsiedeln. Eine Copie „aus einem Buche der Canzlei Einsiedeln" in Zug, wohl, wie beigebundene Predigten vermuthen lassen, von einem Mönch des Klosters Einsiedeln 1614 geschrieben. In der Copie ist Hinwyl als „in Elgoja residens ejus belli contemporaneus" bezeichnet.

Hottinger, J. J., Huldreich Zwingli und seine Zeit, dem Volke dargestellt mit historischen Abbildungen von Franz Hegi. Zürich 1842.

Huber, Hans, von Tiefenbach, Artillerist an der Schlacht, schriftliche Zeugendeposition über den Gang der Schlacht, ein Heft Papier von 4 Blättern klein 4⁰., in sauberer regelmässiger Handschrift und manigfach eigenthümlicher Schreibweise. 1532. s. Verhöracten.

Jahrzeitbücher über die Cappeler Schlacht:

a) Neuheim, Ct. Zug, wohl bald nach der Schlacht geschrieben.

b) Menzingen, Ct. Zug, Copie von Joh. Anton Elsener, Caplan, 1795. Das alte, noch vorhandene Jahrzeitbuch enthält die Schlachtbeschreibung nicht. Woher sie, da sie immerhin sehr alt sein muss, stammt, ist nicht nachzuweisen.

c) (Ober-) Aegeri, Ct. Zug, ähnlich.

(Die übrigen Jahrzeitbücher des Cantons Zug enthalten keine Angaben.)

d) Wohlen, Ct. Aargau, im Archiv des Piusvereins Bd. II.

e) Schachdorf, Ct. Uri, im fünfort. Geschichtsfreund, Bd. 6, pag. 185.

Jud, Johannes, Pfarrer zu Flaach (geb. 1528), historische Beschreibung von dem Leben und Tod etc. Hrn. Leonis Judæ, gewesnen Kirchendieners zu St.Peter zu Zürich (seines Vaters), 1574. In den Miscell. Tig. 3. Thl. 1. Ausg.

Kessler, Johannes, Reformator in St.Gallen, Sabbata, Chronik der Jahre 1523—1539, Buch VI, herausgeg. in den Mittheilungen zur vaterländ. Geschichte. VII—X von E. Götzinger. St.Gallen 1868.

Kloster Cappel, das, mit allen Innert halb der Ringmaur zudienenden Gebäuwen. Plan ohne Datum, aus dem Anfang des 18. Jahrhunderts, im Staatsarchiv Zürich Nro. 205 b.

Kriegsroddel von Zug, betitelt: Zugerische Kriegslüt an der Capellerschlacht 1531. Enthält auf mehreren Zeddeln die Auszüger von Stadt und Amt Zug, jedoch unvollständig. Das Original im Staatsarchiv Zug ist nicht aufzufinden. Eine Copie seiner Abschrift hat mir gütigst Herr Pfarrhelfer Wikart in Zug übersandt (s. Kriegsroddel der an der Schlacht betheiligten Cantone: VI. Zug).

Lavater, Hans Rudolf, Oberhauptmann in der Schlacht, Rechtfertigung von den angethanen Beschuldigungen des unglücklichen Cappelerkriegs. Ms. 8 Seiten, in Dürsteler's Stemmatogr. Tig. App. Tom. III.

Lilienkron, R. v., Die historischen Volkslieder der Deutschen vom 13.—16. Jahrhundert, gesammelt und erläutert. IV. Leipzig 1869.

Lusser, K. F., Geschichte des Cantons Uri bis 1850. 8°. Schwyz 1862.

Meier, J. Heinrich, Blätter aus der Geschichte von Küsnach (Biographie des Comthur Conrad Schmied). Zürich 1863.

Merle d'Aubigné, J. H., Histoire de la réformation du XVIme siècle. Bd. 4. Paris und Genf 1847.

Mörikofer, J. C., Ulrich Zwingli nach den urkundlichen Quellen. 2. Theil. Leipzig 1869.

Neujahrsblätter, zürcherische:

a) Lebensbeschreibung des schweizer. Reformators Ulrich Zwingli, von den 8 Zürchergesellschaften herausgegeben, 1819.

b) Feuerwerker-Gesellschaft: Geschichte der Zürcherischen Artillerie, von D. Nüscheler, in Nro. 45 f. auf die Jahre 1850 f. Im 2. Heft (1851) eine Abbildung der nach Cappel ziehenden Artillerie und das Portrait des Büchsenhauptmannes Peter Füssli, von Joh. Jakob Oeri.

c) Waisenhaus, 27. Neujahrsblatt für 1864. Ueber Hauptmann Lavater.

d) Stadtbibliothek: Erinnerungen an Zwingli, 1865.

e) Chorherren Nro. 13, 1791, Abbildung von Martin Usteri: Die zum Schlachtfeld ziehenden Zürcher auf dem Albis.

f) Musiksaal 1809, Abbildung von Martin Usteri: Zwingli auf dem Schlachtfeld.

Nüscheler, D., s. Neujahrsblatt b.

Ott, Joh. Caspar, Zunftmeister, Einiche flüchtige Remarques und zufällige Gedanken über den Cappeller-Krieg, während dem copieren aufgefangen 1812 (vergl. Bull. Nro. 6).

Plater, Thomas, historia vitæ, quam ipse describere cœpit, Ao. 1572 etc. In den Miscell. Tig. 3 Thl., 2. Ausg. Zürich 1724. (Plater geht in der Nacht nach der Schlacht von Zürich auf den Albis.)

Rommel, Christoph v., Geschichte von Hessen. Bd. IV. Cassel 1830.

Salat, Johann, Chronik der schweiz. Reformation, von deren Anfängen bis und mit Ao. 1534 im Auftrage der katholischen Orte verfasst 1535. Herausgeg. im Archiv für die schweiz. Reformationsgeschichte auf Veranstaltung des Schweiz. Piusvereins, Bd. 1, durch Domherr F. Fiala und Pfarrer P. Bannwart, mit einer Abhandlung über Verfasser und Schrift von Graf Th. Scherer-Boccard.

Salat, Johann, Tanngrotz etc. herausg. 1531. In den Mss. von Ott und auf der Stadtbibliothek Zug (vergl. Bull. 6. 2).

Schönbrunner, Heinrich, Fourier der Zuger in der Schlacht, Diarium. Vergl. Geschichtsfreund der V Orte, Bd. 18, pag. 204 ff.

Simmler, Joh. Jak., Sammlung kirchlicher Urkunden. Bd. 29. Zürich 1759.

Stadlin, Franz Karl, die Geschichten der Stadtgemeinde Zug, des I. Theils 4. Bd. Luzern 1824.

Stadlin, Franz Carl, Topographie des Cantons Zug. I. Theil: Polit. Geschichte. Band I: Hüneberg u. s. w. Luzern 1819—21.

Stettler, Michael, Schweitzer Chronic etc. Bern 1626 f.

Tillier, A. v., Geschichte des eidgenössischen Freistaates Bern. Bern 1838—40.

Topographische Karte des Cantons Zürich im Maassstabe 1 : 25,000.

Tschudi, Aegidius, Cappelerkrieg 1533. Abgedruckt in der Helvetia von Jos. Anton Balthasar. Bd. 2. 1826.

Manuscripte, zum Theil unter andern Namen cursierend:
1. Ms. aus der Stadtbibliothek Zug, unbestimmter Zeit.
2. u. 3. Zwei Mss. im Besitz des Hrn. Pfarrhelfer Wikart daselbst.
4. Verzeichnus etlicher Sachen den Cappelerkrieg Betreffend, gestellt von einem Papisten. Ms. H. 368 der Stadtbibliothek Zürich.
5. Ms. J. 198 ib.
6. Ms. mit Titel wie 4, bezeichnet S. 402 ib.
7. Johannes Leu, „copiert aus einer in der Stadt Cantzley Zürich ligenden Copia". Ms. L. 90—92.
8. Waser, Joh. Heinrich, Burgermeister, Krieg der fünf Orten mit Zürich 1531. Ms. A. 116 s. ib.
9. Beschreibung des Cappeler-Kriegs Ao. 1529 und 1531, wie solcher von den Catol. V Orthen etc. Ms. B. 92 ib.
10. Ulrich, Abt zu Einsiedeln, kurtzer, waahrhafftiger vnd gründtlicher Bericht von dem leben vnndt sterben Meister Ullrich Zwinglins des Häresiarcha u. s. w. Ms. A. 71 ib.

Urbarium des Klosters Cappel, nach den enthaltenen Acten zu schliessen, vom Jahre 1545. Staatsarchiv Zürich.

Verhöracten von Zürich des Staatsprocesses gegen Göldli und Lavater, betitelt: 1. Kuntschafften, so die fünff wachten wider J. Jörg Göldi gestelt habend sampstags vor Michaelis (und Sonntags michaelis) Anno dxxxij (28. und 29. Sept. 1532) præsent. her walder Räth vnd Burger. 37 Seiten fol. 2. Nachgang vnnd Kundtschafft über Junckher Jörgen gölldlin u. s. w. 12 Seiten fol. 3. Nachgang über Hans Ruodolff Lafater, vogt zuo kyburg. 6 Seiten fol. 4. Nachgang vff die redenn, so von des vogts von kyburg vnnd der houptmanschafft wägen gebrucht sind worden. 1 Bl. fol. Alles im Staatsarchiv Zürich.

Verhöracten von Schwyz, betitelt: Kuntschafft um die hendel zu capel vergangen (an der schlacht). 2 Bl. Nro. 80, Staatsarchiv Schwyz. Nach einer Copie des Hrn. Prof G. v. Wyss in Zürich.

Vogel, Jakob, Egidius Tschudi als Staatsmann und Geschichtschreiber. Zürich 1856.

Von der Schul zu Cappel. Ms. B 250, pag. 131 f. u. 346 ff., über die Plünderung des Klosters nach der Schlacht.

Wegelin, K., Geschichte der Landschaft Toggenburg. St. Gallen 1830—33.

Wikart, Pfarrhelfer in Zug, die Pfarrherren von Zug.

Wyss, G. von, handschriftliche genealogische Tabelle des Geschlechtes Haller von Wyl.

Zeughausarchiv Zürich. Die einschlägigen Notizen und Verzeichnisse sind bei Nüscheler und Mörikofer abgedruckt.

Ziegler, F., Geschichte der Stadt Stein a. Rh. Schaffhausen 1862.

Zuger Schlachtbericht, von ungenanntem Verfasser, mit einem Begleitschreiben an einen günstigen lieben Herrn und Bruder gerichtet. Copie von Bibliothekar Peter Füssli und mit dessen Abschrift von des Büchsenhauptmanns Peter Füssli Schlachtbeschreibung Ms. A 61 der Stadtbibliothek Zürich zusammengebunden.

A. KRITIK DER QUELLEN.

Die Hauptquellen für die Beschreibung der Schlacht von Cappel und des zweiten Cappelerkrieges überhaupt bilden etwa 500 Stück mir in Abschrift und Auszug vorliegende Abschiede, Missive, Correspondenzen und sonstige Acten der Archive **Zürich, Bern, Luzern**[1]**), Schwyz, Einsiedeln, Basel, St.Gallen, Stuttgart, Dresden, und Marburg**[2]**).** Etwa hundert in der Darstellung zur Verwendung gekommene derartige Acten finden sich je an den betreffenden Stellen in den Anmerkungen näher bezeichnet. Von den Correspondenzen aus den Tagen nach der Schlacht ist der **Bericht des Zürcher Rathes nach Basel** vom 14. October am ausführlichsten. Im Uebrigen verbreiten sich die Nachrichten fast nur über die Verluste der Zürcher, so auch die amtlichen **Schlachtberichte der fünfortischen Hauptleute** von Cappel nach Luzern und **Göldli's vom Albis** nach Zürich vom 12. October. Weissagungen und Wunderzeichen, die sich auf die Schlacht beziehen, schildert ausführlich ein wahrscheinlich von einem Priester stammender **Bericht aus den V Orten nach Waldshut** aus der zweiten Hälfte October. Viel wichtiger als all diese kleinern Nachrichten sind für die Darstellung des Schlachtganges die **über hundert Zeugendepositionen der Verhöracten des Göldli-Processes** im Staatsarchiv Zürich.

Neben diesen officiellen Acten, die durch die Art ihren Verwendung im Verlaufe der Darstellung selbst nach ihrem Werthe für unsere Zwecke hinlänglich beurtheilt sind, findet sich eine Anzahl vollständiger Schlachtbeschreibungen von Augenzeugen, Jahrzeitbüchern, Zeitgenossen und Spätern vor und zwar aus beiden Lagern.

---

[1]) Unmittelbar vor Beginn des Druckes dieser Schrift sind die Luzerner Acten von 1531 im „Archiv für schweiz. Reformationsgeschichte" (herausg. v. Piusverein) Bd. II. 1872 erschienen. Sämmtliche hier reproducierte Documente habe ich früher in Original benutzt.

[2]) Die Archive von Uri und Unterwalden (**Altdorf, Stanz und Sarnen**) sowie **München** und **Donaueschingen**, enthalten keine sachbezüglichen Acten, diejenigen von **Karlsruhe** und **Zug** sind gänzlich ungeordnet. Das Archiv von **Wien**, das ich nicht besuchen konnte, enthält nach gef. Mittheilung des Hrn. Staatsarchivar Dr. Ritter v. Arnet nur politische Correspondenzen und keine solchen, die sich auf den Gang der Schlacht beziehen. Die Marburger Acten nach Rommel (s. Litt.). Durch Hrn. Staatssekretär v. Thiele in Berlin war auf meine Anfrage wegen Besuch des Archives erklärt worden, dasselbe enthalte keine bezüglichen Acten.

Die Berichte von Augenzeugen stehen wiederum an Wichtigkeit voran. Es sind dies die Relation des Zürcher Büchsenhauptmanns Peter Füssli, die schriftliche Zeugendeposition des Zürcher Büchsenschützen Hans Huber, die Beschreibungen des Luzernerhauptmanns Schultheiss Golder, des Luzerner Kriegsmannes Leodegar von Hertenstein, eines ungenannten Zugers und des Claus Blättler von Hergisweil in Unterwalden, welch' letzterer wahrscheinlich wie der Zuger in der Vorhut der V Orte stand.

Die ausführlichsten der ältern Geschichtsschreiber über unsern Gegenstand sind Salat von Luzern, der amtliche Chronist der V Orte, Egidius Tschudi von Glarus, der bekannte Geschichtsschreiber, und Bullinger, einst Lehrer an der Schule zu Cappel, nachmals Antistes in Zürich. Von den Jahrzeitbüchern enthält dasjenige von Menzingen im Canton Zug eine grössere und werthvolle Beschreibung.

Die hauptsächlichsten Quellenschriften folgen nachstehend einzeln besprochen.

I. Augenzeugen.[1]

1. Peter Füssli.

Gottlieb Emanuel von Haller[2] charakterisiert Füssli's Schlachtbeschreibung richtig mit folgenden Worten: „Es ist ein vollkommenes und umständliches Tagebuch von den Vorfällen dieses Kriegs, ohne in die Anlässe desselben einzutreten. Die Schreibart ist sehr einfältig und ungekünstelt; aber seine Arbeit ist eben deswegen und weil er von nichts redet, als was er selbst gesehen, sehr schätzbar. Er zeigt die vorgegangenen Fehler, die Gründe des unglücklichen Ausschlags und die Verhandlungen des Friedens, sehr unpartheyisch und verdient gar wohl, gelesen zu werden."

Die Schrift scheint den Zweck zu haben, ihren Verfasser gegen Verdächtigungen zu vertheidigen und macht den Eindruck einer Brochüre behufs persönlicher Rechtfertigung in einer im Uebrigen als bekannt vorausgesetzten Angelegenheit. Sie erzählt daher nur, und zwar in naiv umständlicher Weise, Alles das, was mit seiner Stellung als Befehlshaber der zürcherischen Artillerie zusammenhängt. Die Darstellung ist hinsichtlich ihrer subjectiven Haltung derjenigen Hertensteins verwandt und berücksichtigt den Gang des Ganzen nur insoweit mehr, als Füssli's Stellung eine hervorragende war. Manche Angabe lässt sich erst mit Zuziehung anderer Berichte in's richtige Licht setzen; alsdann ist aber auch die Darstellung werthvoller, als sie auf den ersten

---

[1] Das Biographische über die meisten Verfasser dieser Berichte s. im Verzeichniss der Schlachttheilnehmer.
[2] Bibliographie der Schweizergeschichte.

Blick scheint und wird für Vieles die hauptsächliche oder die einzige Quelle.

2. Hans Huber.

Hans Hubers Bericht ist nach den Verhöracten des Göldliprocesses eine schriftlich eingereichte Zeugendeposition[1]) und erzählt den Gang der Schlacht von Anfang bis zu Ende. Die bedeutende Stellung, die Huber vor, in und nach der Schlacht einnahm, macht seine Darstellung zum vornherein wichtig. Bei näherer Prüfung erweist sie sich auch als sehr sachlich und sorgfältig gehalten und ist gerade durch ihre ruhige Darstellung das gewichtigste Zeugniss für die Beurtheilung des Hauptmanns Göldli. Für die Berathung des Kriegsrathes am Tag vor der Schlacht, an der Huber theilnahm, finden sich hier die meisten und besten Angaben.

3. Hans Golder.

Golder berichtet ähnlich wie Füssli vom Gesichtspuncte seiner Stellung als Hauptmann in der Schlacht. Mit besonderer Umständlichkeit erzählt er die Berathungen und Schlussnahmen der fünfortischen Hauptleute und rechtfertigt mittelbar deren Zögern beim Angriff durch den Hinweis darauf, dass bei früherem Vorgehen Zwingli und das Panner noch nicht hätten geschlagen werden können. Vollständig übergeht er den Aufmarsch zur Höhe; immerhin ist der Bericht wegen seines Verfassers von Werth und hilft zu mancher Aufklärung und Stützung der Angaben anderer Darstellungen mit, namentlich auch mit Tschudi zur Feststellung des Hauptkampfes um Zwingli.

4. Leodegar von Hertenstein.

Unter eidlicher Verpflichtung erzählt Hertenstein in naiver treuer Weise seine persönlichen Erlebnisse an der Schlacht, ohne auf deren allgemeinen Gang besondere Rücksicht zu nehmen. Wie Füssli's Bericht gewinnt diese Darstellung erst in Verbindung mit andern Schilderungen höheren Werth und ist besonders für eine richtige Auffassung des fünfortischen Angriffs von Wichtigkeit.

5. Der Zuger Bericht.[2])

Haller[3]) bemerkt zu diesem Manuscript: „soll nach dem mir gegebenen Berichte nur ein Bruchstück aus Salats Chronik sein." Diese Angabe ist unrichtig. Die Zuger Beschreibung ist vollkommen selb-

---

[1]) „Hanns Huber von tüffenbach seytt nach luth siner handtgeschrifft".
[2]) Der Verfasser ist unbekannt. Zu beachten ist jedoch, dass Heinrich Schönbrunner von Zug, Hauptmann an der Schlacht, in seinem Diarium beim zweiten Cappelerkriege gerade die Partie der Schlacht weglässt. Sollte er der Verfasser sein?
[3]) a. a. O.

ständig von einem in der Vorhut stehenden Theilnehmer an der Schlacht abgefasst (die Erzählung mit „wir"), in einfachem Style geschrieben, ohne Reflexionen rein sachlich gehalten, mit weiteren Mittheilungen über den zweiten Cappelerkrieg an einen „günstigen lieben Herrn und Bruder" gerichtet und vielleicht die älteste der erhaltenen Schlachtbeschreibungen. Der Verfasser sagt ausdrücklich, dass er „der Dinge zum Theil sehr wohl berichtet sei," und allerdings ist seine Darstellung eine vorzügliche, einfach, klar und in keinem Puncte von andern Quellen angefochten. Bullinger hat sie in seiner Schlachtbeschreibung der Darstellung der fünfortischen Bewegungen zu Grunde gelegt (vergl. die Kritik Bullingers); zwei sinnlose Fehler des Copisten lassen sich aus Bullinger corrigieren (vergl. die Noten zum Texte des Zugers).

Die einzige Handschrift ist die einer Füssli'schen Beschreibung angefügte Copie des Bibliothekars Peter Füssli vom Jahre 1665 in Zürich.

6. Claus Blättler.

Blättler nahm als 32jähriger Mann an der Schlacht Theil; der Bericht ist aber erst im Jahre 1583, dem 84. Lebensjahre Blätters, nach seinen Angaben von dem Luzerner Stadtschreiber Cysat aufgesetzt worden. Zwei Angaben stehen mit sämmtlichen übrigen Berichten im Widerspruch: nicht die Zürcher, sondern die V Orte haben aus dem Kloster geschossen, und nicht das Kloster stand den Zürchern, sondern diese dem Kloster im Rücken. Dem alten Manne scheint, 51 Jahre nach dem Ereignisse, das Gedächtniss nicht mehr treu gewesen zu sein. Wahrscheinlich sind ihm Verwechslungen mit Vorgängen des ersten Cappelerkrieges von 1529 begegnet. Der Bericht ist daher mit Vorsicht und nur mit Vergleichung der andern Quellen zu benutzen; am ehesten ist die Schilderung des fünfortischen Anfmarsches zur Ebertsweiler Höhe zu gebrauchen. Die Notiz über den Helm Zwingli's, vielleicht auch Anderes, hat wohl Cysat von sich aus beigefügt.

II. Geschichtsschreiber.

1. Salat (Chronik).[1]

Die im Auftrage der fünfortischen Tagsatzung von dem Gerichtsschreiber Johann Salat zu Luzern, amtlichem Feldschreiber der fünfortischen Truppen im Aargau während des zweiten Cappelerkrieges, verfasste Chronik ist wegen der ausführlichen Darstellung eine der

---

[1] Johann Salat ist ursprünglich Bürger von Sursee, seit 1529 auch zu Luzern, wo er schon 1525 als Gerichtschreiber fungierte. Er lebt noch 1543. Das Staatsarchiv Luzern enthält eine Anzahl Briefe von Salat's Hand, die er als Feldschreiber im fünfortischen Lager zu Boswyl im Aargau um die Zeit der Cappelerschlacht

wichtigsten Schlachtbeschreibungen. Ihr einziger Fehler ist der Einfluss, den der persönliche Groll des Verfassers gegen Zürich[1]) und die Rücksicht auf den amtlichen Auftrag auf den Verfasser ausübten.

Als amtlicher Chronist verschweigt er die Säumniss der Hauptleute vor dem Angriffe und den Unwillen des „gemeinen Mannes" unter den V Orten über sie (Zuger Bericht. Hertenstein. Blättler. Bullinger) gleich dem Hauptmann Golder und rühmt im Gegentheil die Kampflust Aller und die feurigen Anreden der Hauptleute an das Kriegsvolk; desshalb weist Bullinger in der Gegenschrift „Salz zum Salat" darauf hin, dass von den V Orten nicht Alle „zum lustigsten gewesen, wie sie doch jetzt rühmen". Die gleiche Rücksicht bewog Salat, die Pracht der zürcherischen Rüstung und die Zahl ihrer Mannschaft ungebührlich zu erheben, wogegen Bullinger ebenfalls auftritt. Der Muth der „5 Oertli" war nach Salat so unüberwindlich, dass selbst eine Rüstung wie gegen Fürsten ihn nicht hätte bezwingen können. Von Schadenfreude ist Salat nicht freizusprechen, obschon er „ohne Rachsal und Zorn" zu schreiben erklärt; so deutet er die Seile, welche die Zürcher zur Bedienung ihrer Artillerie mitgebracht hatten, als Stricke zum Henken der fünfortischen Gefangenen (wie in der Schlacht von Sempach), was er dann selbst im Schwyzer Codex wieder weglässt. Auch die Angabe, dass die Zürcher bereits einen Mauerbrecher zur Belagerung von Zug mitgenommen hätten, verweist ihm Bullinger. Von einer Schanze, die die Zürcher vor sich aufgeworfen hätten, findet sich keine Spur. Es muss das Moosgräblein am Angriff gemeint sein.

Abgesehen von derartigen subjectiven Uebertreibungen ist der Bericht sehr instructiv und, durch andere Quellen ergänzt und beleuchtet, von grossem Werthe. Besonders rühmend verdient die lebendige Darstellung hervorgehoben zu werden.

2. Tschudi.[2])

Die Ausgabe des Tschudi'schen Cappelerkrieges in der „Helvetia" von Balthasar ist leider sehr ungenau. Dagegen ist die wohl zu Folge dieser verdorbenen Ausgabe entstandene Vermuthung von Hottinger und von Vogel, dass nicht Tschudi, sondern sein Erbe Jost von Meggen aus Luzern der Verfasser sei, durch die Handschrift (ein Theil derselben liegt im Kantonsarchiv Zürich) widerlegt.

---

schrieb, so eine Gratulation nach Cappel (Nro 61 der Corresp.). Ueber Salat und seine Chronik vergl. die Abhandlung von Graf Th. Scherer-Boccard zu der Ausgabe der Salat'schen Chronik im Archiv für die schweiz. Reformationsgeschichte, herausg. vom schweiz. Piusverein 1868.

[1]) Den „gehässigen Ton" seiner Lieder tadelt v. Liliencron. Dass die „heftige Sprache" „der Styl seiner Zeit" war, wie der Herausgeber der Chronik sagt, widerlegt z. B. der ruhige Zugerbericht. Es war der Styl Salats.

[2]) Der bekannte schweizerische Geschichtsschreiber Aegidius Tschudi von Glarus. Biographisches siehe bei Vogel, Aegidius Tschudi. Die Geschichte des Cappelerkrieges bildet eine eigene Schrift.

Unrichtig ist die Angabe von der Mitwirkung thurgauischer Hülfsvölker unter den Zürchern an der Schlacht. Auch sind die Anhänger Zwingli's nicht „am ersten schändlich geflohen". Der Bericht, dass Zwingli, von den V Orten auf dem Schlachtfelde aufgefunden, sich absichtlich, um nicht erkannt zu werden, wieder umgedreht habe, zeugt mit Anderem für das Bestreben, zum „Glimpf" der V Orte zu schreiben, wie der wohl erst später entstandene Titel sagt. Merkwürdig erscheint auch bei der sonstigen Ausführlichkeit die Uebergehung des ersten Angriffsversuches der V Orte.

Die Darstellung im Ganzen ist anschaulich, die Sprache kräftig, der Bericht durch seine Ausführlichkeit wichtig. Aus ihm lässt sich insbesondere der Hauptkampf um Zwingli und das Panner feststellen. Neben Bullinger kommt Tschudi's Beschreibung am meisten in Copien vor.

3. Jahrzeitbuch Menzingen.

Die modernisierte Copie lässt durch mehrere eigenthümliche Angaben, die sich sonst nirgends finden, deutlich eine alte, wohl zeitgenössische Abfassung vermuthen. Am nächsten kommt der Bericht inhaltlich der Tschudi'schen Beschreibung, so dass man stellenweise Abhängigkeit der Berichte von derselben grössern Quelle vermuthen möchte, ohne dass jedoch das Nähere nachweisbar wäre. Die Entstehung unseres Berichtes im Canton Zug ergibt sich aus dem Umstande, dass er allein die Auskundschaftung der Zürcherstellung durch den Landammann und den Pfarrer von Zug erwähnt; auch eine sonst nirgends vorkommende Localbezeichnung („des Fricken Haus") weist auf einen Verfasser aus der Nachbarschaft, vielleicht den damaligen Pfarrer von Menzingen, der natürlich auch die Gefallenen dieser Gemeinde muss beigefügt haben. Aus all diesem ergibt sich der bedeutende Werth dieser Beschreibung.

4. Bullinger.[1])

Bullinger bemerkt in der Vorrede zu seiner Reformationsgeschichte, in deren Verlaufe er die Schlacht beschreibt, dass er im Gegensatze zu den früheren ungenügenden Schriften über die Geschichte der Reformation „nicht ohne kleine Arbeit und grosse Kosten" über 30 Jahre lang eine möglichst vollständige Sammlung des Stoffes angestrebt habe. Bei Augenzeugen beider Parteien habe er um gründlichen Bericht geworben, die amtlichen Schriftstücke gesammelt und überdiess sei ihm für das Unternehmen der Umstand förderlich gewesen, dass er alle Vorgänge miterlebt habe.

---

[1]) Der bekannte Nachfolger Zwingli's und Antistes der zürcherischen Kirche. Er wirkte als Lehrer in der Schule zu Cappel vom 3. Februar 1523 bis zum Mai 1529 und kennt daher das Locale der Schlachtvorgänge aus eigener Anschauung sehr gut. Mscpt. B. 250 der Stadtbibliothek Zürich, pag. 347 b.

Die Abschnitte über den Cappelerkrieg bestätigen diese Bemerkungen. Von Augenzeugen der Vorgänge nennt er als Gewährsmänner den Seckelmeister Hans Edlibach, den Zeugmeister Hans Ulrich Stampfer, den Ueberreiter der Stadt Winterthur, Hans Maler, den Caplan Bartholomäus Stocker von Zug, die bei der Rettung des Panners betheiligten vier Zürcher. In Betreff der zürcherischen Verluste hielt er Nachfrage bei allen Kirchen der Stadt und Landschaft Zürich und bringt die amtlichen Verzeichnisse der Gefallenen und an Wunden Verstorbenen. Ueber die Verluste der V Orte führt er verschiedene Berichte auf. Mehrfach wird auf Actenstücke und auf übertriebene Berichte über die Schlacht von beiden Seiten Rücksicht genommen. Schriften über die Schlacht, insbesondere katholische, werden in grösserer Anzahl aufgeführt und beurtheilt. Von dem Local hatte Bullinger in Folge seines früheren Aufenthaltes im Kloster Kappel genaue Kenntniss; die Positionen des Schlachtfeldes führt er nach den Himmelsgegenden in genauer Rundfolge auf.

Besonders wichtig ist die Benutzung des Zugerberichtes (I. Nro. 5). Eine Zusammenstellung der beiderseitigen Erzählung zeigt, dass Bullinger denselben genau, oft wörtlich, seiner Darstellung der fünfortischen Heeresbewegung zu Grunde legt, so deutlich, dass Gelzer, der die Zuger Quelle kennt, die Benutzung derselben bei Bullinger hätte merken sollen. Als Probe mag folgende Stelle genügen:

Zuger Bericht fol. 5.	Bullinger pag. 124.
Dess sich aber der abend fast begoth und sich die Sonn neigte, dass die Hauptleüt vermeintend nit mehr anzegryffen; ritend also hin und har, das volk zu besichtigen und das Läger zu schlahen... Da der gemein mann sach, dass die Haubtleüt ein Läger woltend schlahen, gefiel es dem gemeinen man nüt u. s. w.	Das alles verzog sich, das es fast vmm die 4 was, vnd die Sunn sich neigt, daz man achtet, fürohin beschäch kein angriff mee. Vnd die Houptlüt der 5 orten ... rittend sy hin vnd har, das volk zuo besichtigen vnd ein rächt nachtläger zuo schlahen. Wie nun der gemein man der 5 orten sach, das die Houptlüt ein läger zu schlahen gedachtend, gefiel es imm übel u.s.w.

Wenn auf diese Weise Bullinger über den fünfortischen Antheil an dem Ereignisse eine katholische Quelle einführt und diese nahezu ausschliesslich sprechen lässt, so sehen wir in diesem Umstande das wesentlichste Zeugniss seines Strebens, die Geschichte der Schlacht möglichst unparteiisch darzustellen. Dass er auch für eine getreue Darstellung der Vorgänge auf zürcherischer Seite Allem aufbot, zeigen seine zahlreichen und guten Quellen und die Uebereinstimmung mit den Zeugenangaben im Göldliprocesse, namentlich auch mit dem Huber'schen Berichte. Zum vornherein weist der Abschluss des ganzen Werkes erst im Jahre 1573, mehr als vierzig Jahre nach dem Ereignisse, auf das Streben nach allseitiger Berücksichtigung des Stoffes und auf eine erhöhte Vorurtheilslosigkeit. Immerhin ist dem Verfasser das wesentliche Gerüste der grossen Beschreibung in der Reformationsgeschichte schon in der gegen Salat gerichteten Streitschrift „Salz zum Salat" festgestanden. Soweit jene Schrift unsern Zwecken dienen kann, ist sie bei Salat's Chronik (Nro. 1) besprochen.

Bullingers Darstellung ist bei weitem die gründlichste und durch Berücksichtigung der beiderseitigen Quellen die erste wissenschaftliche Beschreibung der Schlachtvorgänge überhaupt. Auch die katholischen Quellen widersprechen ihr nirgends. Wir haben hier eine musterhafte historische Untersuchung vor uns, sowohl hinsichtlich der Reichhaltigkeit als der Benutzung der Quellen.

Ueber eine grössere Anzahl von Copien der Bullinger'schen Beschreibung, die bisher unter dem Namen der Copisten als eigene Darstellungen genannt wurden, vergleiche das Litteraturverzeichniss.

Alte Beschreibungen, die aus verschiedenen Gründen, namentlich wegen zu grosser Kürze in der Darstellung des Schlachtganges, mehr nebensächlich in Betracht kommen, sind die von Kessler in den Sabbatha und Johannes von Hinwyl, beide aus den nächsten Zeiten nach der Schlacht, sowie Johannes Jud in der vita Leonis Judæ von 1574. Der Letztere scheint bereits Bullingers Chronik vorauszusetzen.[1]

Eine Anzahl späterer Beschreibungen sind für unsere Zwecke nicht von grosser Bedeutung, so Michael Stettler's Schweizerchronik 1627, das Schweizerchroniclein für die Bauersame 1795 und Wursteisens Basler Chronik, die beide nach Bullinger erzählen. Stadlin in der Zugergeschichte 1824 hat fleissig Quellen gesammelt, geht aber in seinem Streben nach plastischer Erfassung der Vorgänge oft fehl. Ausser Mörikofer im „Zwingli" 1869 hat in neuerer Zeit Gelzer in der „Schlacht von Cappel" 1831 die meisten Quellen — jedoch noch ohne viel Kritik — benutzt. Merle d'Aubigné's Beschreibung in seiner Histoire de la réformation 1847 hat das einzige Verdienst, zum ersten Mal einen Plan beizugeben, der jedoch wegen Unrichtigkeiten der Terraindarstellung eine ganz ungehörige Vorstellung von den Schlachtvorgängen vermittelt.

---

[1] Kessler citiert eine Stelle aus dem reformirten Liede Nro. 432 bei Liliencron und scheint nach befreundeten Mittheilungen aus Zürich geschrieben zu haben. Er hat genaue Kunde von den Umständen bei Zwingli's Tode. — Hinwyl, nach dem Titel der Copie ein Zeitgenosse, über den ich aber nichts Näheres erfahren konnte, schrieb nach mehreren Andeutungen vorweg je nach eingegangener Nachricht. — Joh. Jud sagt an einer Stelle über das Ereigniss: „davon du ein besondere Beschreibung und Chronic hast" und meint damit wohl das im Jahre vorher vollendete Werk Bullingers.

B. DARSTELLUNG DER VORGÄNGE.

I. Das Schlachtfeld.

1. Uebersicht des Schlachtfeldes.

Die grosse Strasse von Zürich nach Zug führt zunächst in das Sihlthal und dann, dieses schief kreuzend, an die Albiskette hinauf. Von deren Höhe fällt sie rasch zu dem Plateau des Oberamtes ab und kreuzt dieses von Nord nach Süd nahezu in der Richtung der einen Diagonale. Dann steigt die Strasse in abermaligem raschem Falle zur Ebene des Zugersee's, dem Baarer Boden, hinunter und führt über Baar nach Zug.

Die andere Diagonale des Plateau's bildet ein von Ost nach West sich hinziehender Erdwall. Da, wo ihn die Strasse schneidet, im Diagonalenkreuze, liegt das Schlachtfeld von Cappel.

Wenn wir von Hausen am Albis mit der Strasse südwärts gehen, so durchziehen wir zunächst das für Einzelne, Wegkundige, zur Noth gangbare, für Heerestheile aber sehr hinderliche Ried der Jonen, die nördliche und höhere Stufe des Plateau's, ungefähr 600 Meter über Meer gelegen. In diesem Sumpflande begegnen uns bald zwei rundliche Hügel zu beiden Seiten der Strasse, das Hauserholz, ein Buchenwald[1]), westlich und der Münchbühl, eine Matte[2]), östlich. Den Rand des Riedtes bildet hierauf der Mühlegraben, über welchen die Strasse auf das Schlachtfeld gelangt.

Damit sind wir auf dem Puncte angekommen, wo in die westwärts vom Hauserholz herziehende alte Albisstrasse der einstige Fussweg von Hausen, unsere neue Strasse, einmündet.[3]) Es folgt

---

[1]) Urbar. des Klosters Cappel fol. 2 b.
[2]) ib. fol. 6 b.
[3]) Die alte Strasse zog „mit einer bruggen über den (Mühle-) graben, gägen dem ybach vnd huser höltsli", Bull. III. 141. Ihre Reste sind noch zu finden und in der topographischen Karte des Kantons Zürich eingetragen. Ein neuerer Strassenzug nahm die Richtung östlich vom Hauserholze, aber etwas westlicher durch das Ried als der jetzige Strassendamm, der einstige Fussweg nach Hausen. Diesen Verzweigungspunct der einstigen Landstrasse und des Fusswegs nach Hausen erwähnt Bullinger III, 141: vnden an dem reyn, da der fuosswäg über den graben sich scheidet von dem rosswäg über die bruggen des grabens .... gen Husen .... von Cappell.

der breite Erdwall, mit dem die obere in die untere Plateaustufe sich absenkt und den, ziemlich in der Mitte seiner Längenausdehnung, die Strasse mit einem Einschnitte durchbricht.[1]) Zu beiden Seiten der Strasse ist der Wald eine Strecke weit gelichtet[2]), während er in einiger Entfernung sichtbar wird: das **Hagenholz** im Westen, das **Buchwäldchen**, früher **Schürerholz** genannt[3]), und dahinter der **Kalchofen-Wald**, im Osten. Diese Gegend des Kreuzungspunctes von Höhenzug und Strasse, von dem auch eine Strasse ostwärts der Höhe entlang, zuletzt über die **Ebertsweiler Höhe**, nach dem Dörfchen **Ebertsweil** führt[4]), hat frühe eine Ansiedelung veranlasst, namentlich von Vorrathshäusern des Klosters Cappel, und hiess darum „**auf Scheuren**".[5])

Die Passhöhe zu Scheuren fällt in zuerst wallähnlich raschem Absturz, dann in sanfterem Mattenabhang[6]) und zuletzt einen rundlichen Bühel bildend, in die untere etwa 560 Meter über Meer gelegene Plateaustufe ab. Auf diesem Bühel in aussichtreicher Lage, vor sich zunächst das Ried, dann den begränzenden Wald der Höhenstufe, **Schönenbühl** genannt, hierauf etwa 200 Meter tiefer den Zugersee und seine Ebene um Baar, steht das **Kloster Cappel**. Der Kranz der begränzenden südlichen Höhenkette erhebt sich in dem bewaldeten **Islisberg** nahezu zu der Höhe von Scheuren.[7]) Er liegt südwestlich vom Kloster, östlicher in der tiefsten Senkung des Plateau's die **Lematt**[8]), südlich zwischen beiden, aber entfernter, der Wald Schönenbühl.

Das **Verhältniss der Plateaux** lässt sich in folgenden Sätzen zusammenfassen[9]):

Der Albis streicht von NNW. nach SSO.

Parallel mit ihm zieht sich der Erdwall von Ebertsweil nach Scheuren.

---

[1]) **Merle d'Aubigné**, Histoire de la réformation, bietet einen Plan des Schlachtfeldes. Sein Ingenieur, von dem genannten Strasseneinschnitte verleitet, zeichnet aber hier eine viel zu starke Senkung und macht daher die Zürcherstellung (westlich von dem Einschnitte) gegen Osten viel zu fest. Die alte Strasse lag höher; der Weg zum Zwinglistein ist ein Stück derselben; der Einschnitt betrug also damals nur wenige Fuss.

[2]) Das Feld ostwärts vom Zwinglistein heisst noch jetzt **Rüteli**.

[3]) Urbar. des Klosters fol. 6 b: Item ein Buochwald, genannt das **Schürerholtz** lyt ob der Cappel matten. — Bull. S. z. S. p. 679 ff. Das Buchwäldlin, das zur Lingken gelägen.

[4]) Bull. III, 115: wäg von Schüren gen Ebertschwyl.

[5]) Vergl. die ähnlichen lateinischen Bezeichnungen „tabulatum" (Tablat) und „spicarium" (Speicher) auf dem Gebiete des Klosters St.Gallen, s. J. J. Egli, Nomina Geographica, p. 163.

[6]) Bull. S. z. S.

[7]) 597 Meter über Meer, der Zwinglistein liegt 605 Meter. — Bull. III, 120 sagt: „diewyl yfelsperg vnd Schüren vast glych hohe Bühel sind".

[8]) Die Etymologie bei **Meier** zürch. Ortsnamen = Matte auf einem Hügel (le) streitet wider die Lage. Der Name rührt von dem Lehenverhältnisse her, in welchem der Hof bis nach 1830 zum Klosterbesitze stand.

[9]) Nach den Mittheilungen des Hrn. Oberst **Rothpletz** in Aarau, der im Uebrigen die Schilderung des Terrains als sehr gut bezeichnet.

Zwischen beiden Linien ist Sumpfland, durch das der breite Mühlegraben läuft. Zwischen der Albisfront und dem Erdwall sind einzelne Plateaux und Erhöhungen vom Albis her vorgeschoben, z. B. der Münchbühl.

Im Ganzen müssen wir sagen:
1.) Die Albisfront ist **hinter** dem Sumpfdefilé.
2.) Der Erdwall ist **vor** dem Sumpfdefilé.
3.) Der Münchbühl ist eine vereinzelte Erderhöhung im Sumpfland, aber hinter dem nicht unbedeutenden Annäherungshinderniss des Mühlegrabens.

Die wichtigsten **Distanzen** sind folgende, in Schritten (= $2^{1}/_{2}$ Fuss) gegeben:
1.) Von „auf Scheuren" nach Münchbühl = 800 Schr. = 8 Minuten.
2.) „   „   „   „   Plateau Hausen = 2000 Schr. = 20 Minuten.
3.) „   „   „   „   Front Heisch-Vollenweid unten am Albispasse = 3200 Schr. = 30 Minuten.
4.) Frontlänge auf Scheuren = 2—300 Schr.
5.) Von Scheuren hinter das Buchwäldchen = 800 Schr.
6.) „   „   nach dem nächsten Fusse des Islisbergs = 11—1200 Schritte.

2. Stellungen und Angriffslinien.

Das Defensivheer der Zürcher konnte an zwei Stellungen denken. Die eine war die am Albispasse vor oder im Defilé, um direct diesen und die Strasse nach Zürich zu decken[1]); die andere bildete die das südliche Plateau beherrschende Mittelhöhe, um auch noch die obere Plateaustufe mit ihren Dörfern in die Vertheidigung einzuschliessen, auf der Höhe zu Scheuren, unter Umständen auch etwas rückwärts von dieser, auf dem Münchbühl.

„Die Stellung auf Scheuren liegt quer über dem Rückzugswege nach Zürich, wenn man die Front gegen einen Angriff von Cappel annimmt. Kommt der Angriff dagegen von der Richtung der Ebertsweiler Höhe, so liegt die Rückzugslinie in der Verlängerung der linken Flanke der Aufstellung, also höchst ungünstig. Ausserdem läuft die Rückzugslinie mindestens 20 Minuten durch Sumpfland, resp. durch sumpfige Waldstücke.

Der Münchbühl liegt seitwärts der Zürcherstrasse, diese flankierend. Die Strasse kann der Feind nicht eher zum Vormarsch gebrauchen, als bis eine Besatzung aus der Stellung am Münchbühl vertrieben ist."[2])

Im Einzelnen beschreibt Bullinger die Stellung auf Scheuren so, dass er rundum von Westen nach Süden und herum gen Osten und Norden geht, so dass die Oertlichkeiten leicht zu finden sind. Den Platz von Scheuren selbst schildert er mit folgenden Worten: „Ober-

---

[1]) Die Stellung Heisch-Vollenweid hat die zu grosse Frontlänge von 2000 Schritten.
[2]) Aus den Mittheilungen des Hrn. Oberst Rothpletz.

halb Cappel dem Kloster, zur Seite gen Zürich zu, ist ein ziemlich hoher Bühel, darauf vor Zeiten etliche Häuser und Scheunen gestanden, daher man's genannt hat, wie es noch heisst, ʽuf Scheurenʼ. Die Gebäude aber sind abgegangen, so dass von denselben nichts mehr gesehen wird als ein alter Keller mit eingefallenen Mauern, worin man hernach etliche Todte begraben hat. Und jetzt besteht dieser Bühel und Platz aus nichts als Aeckern, Matten, Weiden und ein Hanfland, worauf dann allerlei Bäume standen; er ist ziemlich weit und uneben und geht die Landstrasse nach Zürich darüber."¹)

Von den Häusern war zur Zeit der Schlacht nur noch das Sennhaus übrig, an der Stelle des ältesten der jetzt sogenannten Näfenhäuser²). Es liegt nicht fern südwestlich vom Strasseneinschnitt an der früher an ihm durchführenden Strasse. Zwischen dem Hause und dem Strasseneinschnitte liegt die Hanfbünt, an dem letztern selbst die erwähnte Ruine des alten Kellers. Beim Baue der jetzigen Strasse wurde ein Theil der Mauern weggeräumt; damals wie 1870—71, bei Anlass der Fällung eines Nussbaums, kamen viele Todtengebeine zum Vorschein.

Uebereinstimmend mit Bullinger führt das Klosterurbar „den Hof auf, darin das Sennhaus, die Scheune, steht, auch die Baumgärtchen, Hanfbünten und Weide dortherum, alles an einander, bei 12 Jucharten, genannt zu Schüren, von dem Dörfchen her, das da gestanden ist, darin die sesshaft waren, denen des Klosters Güter geliehen waren."³)

Es ist einleuchtend, dass einem Feinde, der von Zug aus den Albispass zu erreichen sucht und am Islisberge auf der Stufe von Cappel angelangt ist, durch den von Wäldern flankierten Erdwall zu Scheuren der Zugang zur Stufe von Hausen verriegelt ist. Die Stellung auf demselben hatte eine starke Front gegen Cappel mit freier Aussicht auf die Bewegungen des Feindes und gutem Schussfeld für die Artillerie, sowie nicht unerheblichen Annäherungshindernissen in den vorliegenden Terrainschwierigkeiten. Denken wir uns die drei Angriffslinien.

Die eine, zwischen dem Kloster und dem Hagenholze, südwestlich von Scheuren, ist schwierig, weil die Mittelhöhe von dem hinter ihr durchfliessenden Mühlegraben durchbrochen und so die Uebergangsstelle zu Scheuren, ausser durch das Hagenholz, durch einen etwa sechs Meter tiefen und sechs bis zwölf Meter breiten Erdeinschnitt gegen Westen stark gesichert, gegen die ganze Linie von da bis zum Kloster, im Vereine mit Gräben und Hecken⁴), wenigstens schwer zugänglich gemacht ist.

---

¹) Bull. III, 111.
²) Das Sennhaus heisst in den Kaufbriefen Sennhof und scheint schon vor Adam Näf Wohnhaus gewesen zu sein. Bei einer Renovierung soll die Jahrzahl 1326 auf einem Eckbalken gefunden worden sein. In diesem ältesten Näfenhaus wird jetzt noch das Schwert Adam Näfs aufbewahrt.
³) fol. 6 b. — Zu den Jahren 1501 u. 1503 wird ib. fol. 7 b. ein Hans Huser von Schüren erwähnt.
⁴) Zuger Bericht fol. 4 (und danach Bullinger III, 120): „So wärind biss an die fygend viel gräben, rauch häg, das man sa sy one mercklichen grossen

Aehnlich verhält es sich gegen Südosten, auf der Linie zwischen Kloster und Ebertsweiler Höhe. Sumpfiger und steiler Boden [1]) nöthigen zu einem Aufmarsche in zu grosser Nähe des Feindes, so dass schon dieser leicht gehindert werden kann.

Es bleibt also, bei etwelcher Umsicht des Vertheidigers von Scheuren, für den Feind nur noch die directe südnördliche Linie vom Kloster gegen Scheuren (etwa in der Richtung der neuen Strasse). Dann ist er gezwungen, auf einer mehrere tausend Fuss langen, meist ebenfalls von Sumpf, Gräben und Hecken durchschnittenen Strecke gegen das feindliche Feuer zu stürmen.

Die Zürcher Hauptleute Göldli und Füssli und der fünfortische Feldschreiber Salat sprechen darum mit Recht von dieser Stellung auf Scheuren als einem „guten Vortheil". [2])

Sehr nachtheilig dagegen gestaltete sich die Lage für den Vertheidiger von Scheuren im Falle einer Niederlage. Denn derselbe Mühlegraben, der im Westen und Südwesten gegen den Feind so guten Schutz bot, zog sich wie das Riedt der obern Plateaustufe hinter der ganzen Stellung der Zürcher durch. [3]) Allerdings ist er hier nicht so tief eingeschnitten wie im Westen, doch immerhin drei bis vier Meter breit und bis drei Meter tief, abgesehen davon, dass die Ufer, wo sie flach sind, zu beiden Seiten sumpfig werden und das Bett des Baches schlammig, an einigen Stellen mit langen Stecken kaum zu ergründen ist. Das Gefährliche der Rückzugslinie musste den von verschiedenen Seiten geäusserten Wunsch zum Rückzug auf den Münchbühl bestärken, wie Bullinger sagt, „damit man den Graben verwahret hätte", er also zum Annäherungshinderniss für den Feind würde.

Die Stellung auf Scheuren zu wählen erscheint demnach für den Fall rathsam, dass die Verhältnisse des Vertheidigers einen entscheidenden Schlag zulassen; damals also, dass man der Ankunft von nicht bloss 700 Zürchern, sondern von 7000 Eidgenossen zur rechten Zeit sicher war. Da aber schon den Kriegsräthen ein vorzeitiger Angriff der Feinde, ehe die eigene Hauptmacht angekommen wäre, möglich schien,

---

schaden nitt kummen möge." Die Hecken, noch immer hie und da sichtbar, umzogen jedes Stück Land bis auf die neuesten Zeiten herab. Das Ausfüllen der vielen Sumpfgräben bereitet immer noch viel Mühe.

[1]) Im Zürcher Lager bezweifelt der Abt von Cappel die Möglichkeit, dass der Feind dort das Geschütz heraufbringe, wegen des „luggen Grundes". Bull. III, 118. Noch jetzt liegt dort viel Streueland und nöthigt die rauhe und sumpfige Beschaffenheit des Bodens die Anwohner (im Lierenhause) zu mühsamen Verbesserungen.

[2]) Göldli an den Rath 12. Oct. — Füssli fol. 1. — Salat, Chronik p. 307, etwas übertrieben (und daher von Bullinger im S. z. 8. mit Recht zur Ordnung gewiesen) im Tanngrotz. — Von dem Satze bei Stadlin Zugergeschichte p. 370: „Hier lagen die Zürcher in einer Stellung, die ungeschickter nicht hätte genommen und nachlässiger nicht hätte vertheidigt werden können" — ist daher der erste Theil in dieser allgemeinen Form unrichtig. Die Darstellung der Schlacht sammt Plan, auf deren Herausgabe Stadlin a. a. O. verweist, ist nicht erschienen. (Mittheilung des Hrn. Präfect B. Staub in Zug).

[3]) Bull. III, 111: Der gadt hinder dem plats herumm, gägen mittnacht vnd nidergang, hatt näben imm ein moss ... Merle d'Aubigné, Hist. de la réform. p. 642: circonstance qui devait rendre très-dangereuse une retraite précipitée.

musste ein vorläufiges Ausweichen sich empfehlen; man wurde daher nach etwelchem Schwanken einig, Scheuren nur durch Schützen besetzen zu lassen, die Hauptstellung aber rückwärts des Mühlegrabens und hinter Verschanzungen am Münchbühl zu nehmen, wohin sich auch die Schützen im Nothfalle zurückziehen sollten. Die Stellung am Münchbühl empfahl sich um so eher, weil wegen des leicht gangbaren Mattengeländes ein Rückzug gegen den Albis und gegen Hausen möglich war, mindestens zu einem Theil vermittelst gebahnten Weges[1]), und doch anderseits das Sumpfland eine Cernierung des freistehenden Hügels dem Feinde nicht zuliess. Aus den Dörfern wurden bereits die nöthigen Werkzeuge zur Verschanzung requiriert, die Stellung am Münchbühl als Vorschlag des Kriegsrathes festgehalten, die endgültige Wahl der Stellung indessen noch den erwarteten Hauptleuten überlassen. So am Tage vor der Schlacht.[2])

II. Die Bewegungen.

1. Berathungen und Anmarsch.

Wie zu Bremgarten, Wädensweil und am Rheine — gegen Luzern, Schwyz und die süddeutschen Gesinnungsgenossen der V Orte — so musste Zürich im Kriegsfalle auch zu Cappel wider den Canton Zug die Gränze besetzen. Schon im Sommer vor der Schlacht wurde deshalb ein Fähnlein von tausend Mann mit sechs Geschützen und einer Anzahl Hakenbüchsen für den Ernstfall nach Cappel bestimmt.[3]) Derjenigen dieser Gränzbesatzungen, welcher Gefahr drohte, sollte die Hauptmacht mit dem Panner von Zürich aus zuziehen.

Zu Anfang October waren die V Orte übereingekommen, mit ihrer Hauptmacht einen Schlag unmittelbar gegen Zürich selbst zu führen und die Zürcher zu überfallen, bevor sie gänzlich gerüstet wären.[4]) Die Zürcher dagegen hielten an der Vereinbarung mit ihren Bundesgenossen fest, den V Orten „den Vorstreich zu lassen" und erst von

---

[1]) Der Fussweg von Cappel nach Hausen (die jetzige Strasse) führt ganz nahe am Münchbühl vorüber und ist über dessen sanften Mattenabhang hinunter auch hinter der Front leicht zu erreichen. Ob schon in jener Zeit ein Seitenweg von Hausen her bis auf den Bühel selbst geführt habe, ist nicht ersichtlich.

[2]) Zeugendepositionen der Mitberather im Kriegsrathe: Hans Huber von Tüfenbach, Vogt Bruder, Heini Jos von Mettmenstetten und Conrad Hub+. ab dem Schweikhof. Bullingers Bericht von der entschiedenen Wahl Scheurens durch die Kriegsräthe (III, 112) ist daher unrichtig oder muss sich auf einen früheren sonst unbekannten Kriegsrath beziehen.

[3]) Verzeichniss vom Sommer 1531, mitgetheilt bei Mörikofer, Zwingli, Note 220. Bull. III, 104 sagt von Göldli's Fähnlein: „welchs dann hievor geordnet was".

[4]) „Anschlag des Aufbruchs" im Staatsarchiv Luzern, Art. 3: Da würdt der rattschlag beschlossen vnd ettwas entlichs gehandlet vnd der angriff gethan vor vnd ee, ob der Züricher huff gentzlich zusammen kommen möge, vnd sollichs ouch beschechen mit dero von Ury ratte ... Golder beruft sich auf diesen Luzerner Abschied.

diesen gezwungen auszurücken.¹) Schon am 8. October hatte Zug all seine Mannschaft nach Baar in den Boden und zur Gränzwache geschickt, so dass die 300 zu Cappel liegenden Zürcher bald ermüdet waren und in Eile 2000 Mann aus der Nähe als Verstärkung in Zürich nachsuchten.²) Am 9. und 10. October rückten die fünf Panner mit einem Fähnlein von hundert Eschenthalern in Zug ein, zuletzt dasjenige von Uri.³) Man hörte zu Cappel die Trommeln und Pfeifen der Schwyzer und das Brüllen des Uristiers⁴); aber die Berichte wurden in Zürich lange als übertrieben aufgefasst. Erst auf eine Botschaft der Rathsabgeordneten Thumeisen und Funk hin am Morgen des 10. Octobers beschlossen Rath und Bürgerschaft, die Vorhut von Stadt und See abzusenden⁵), unter dem Befehle Junker Georg Göldli's von Tiefenau, Ritter, eines bewährten Kriegsmannes aus kriegsberühmtem, aber der Reformation abgeneigtem Geschlechte, der schon im ersten Cappelerkriege das Freifähnlein zu Cappel befehligt hatte.⁶) Wenige Stunden hernach kam wirklich das Fussvolk zum Auszuge, und in der Nacht vom 10. auf den 11. October zog ihm auch das Geschütz zu, sechs Stück leichtere Büchsen⁷) auf Rädern, unter dem Büchsenhauptmann Peter Füssli, aus der Familie berühmter Glocken- und Stückgiesser, ebenfalls einem Gegner der Reformation, aber einem ehrlichen, kriegstüchtigen Mann.⁸)

Als Göldli in Cappel angekommen war, zeigten ihm die Kriegsräthe die Stellung auf Scheuren; die andere auf dem Münchbühl erklärte er nicht mehr sehen zu wollen: „Ich will diesen Platz und keinen andern."⁹) Und doch hätte der zweifache, mündlich und schriftlich ertheilte Auftrag des Rathes, mit dem Feinde vor Ankunft des Panners sich nicht einzulassen, sondern sich für und für in seinen Gewahrsam zu begeben¹⁰), ihn bewegen sollen, den Vorschlag des Kriegs-

---

¹) Bull. III, p. 104. Weiteres in dem Capitel: Ursachen der Niederlage.
²) Brief im Staatsarchiv Zürich.
³) Bull. III, p. 103. Am 10. October 9 Uhr Morgens meldet Wolfgang Kröwl, Pfarrer zu Rüti, den Aufbruch, Mittags 2 Uhr Thumeisen und Peyer zu Cappel die Ankunft des Schwyzer Panners (sammt denen von Aegeri im Canton Zug) mit Trommeln und Pfeifen im Baarer Boden. Briefe im Staatsarchiv Zürich. Erst im Zeitpuncte des Ausmarsches von Zug am Morgen des 11. Oct. kamen noch einige Aemter von Luzern, Golder.
⁴) Deposition des Pfarrers von Riffersweil in den Verhöracten des Staatsarchivs Zürich. Bull. III, p. 104.
⁵) Bull. III, 104.
⁶) Vergl. die biographischen Notizen in dem Verzeichniss der Theilnehmer an der Schlacht (Kriegsroddel).
⁷) Neun Stück (von der Gesammtzahl 18) kamen mit dem Panner, drei schon früher nach Cappel. Bull. III, 103, 105, 113). Nüscheler nimmt an, die 18 Geschütze hätten umfasst: 4 Vier- und Fünfpfünder, 2 Zweieinhalb-, 8 Anderthalb- und 4 Dreiviertelpfünder. Die vier schweren, jedenfalls drei derselben, zogen mit dem Panner (vergl. Bull. III, 159).
⁸) Vergl. Kriegsroddel.
⁹) Zeugendeposition Hans Hubers (s. im Anhange). Aehnlich der von Göldli gestellte Zeuge Vogt Bruder: wer jenen Platz ausgewählt und warum man diesen verlassen, möge er nicht wissen.
¹⁰) Bull. III, 104. 109.

rathes anzunehmen und auf den Münchbühl zu ziehen. Diese Hartnäckigkeit, mit welcher er diese Stellung auch bloss zu besichtigen ablehnte, begriffen die Kriegsräthe schon damals nicht. Wir müssen uns also nicht wundern, wenn nach der Niederlage Verrath vermuthet wurde und im Volke sich das Gerücht verbreitete, Göldli habe zuvor mit seinem Bruder Caspar, der in der Schlacht unter den V Orten gegen ihn kämpfte, Gebiet und Gang der Schlacht verabredet.[1]) Selbst ein angesehener Rathsherr, Meister Manz, liess sich hören: „Wie konnte es wohl anders gehn! Der Caspar und Rennward Göldli haben den Platz zu Cappel, bevor und ehe wir je dahin kamen, gewusst.[2]) In einem Zeugenberichte über die Unterhaltung Caspar Göldli's mit vornehmen Zürchern zu Rapperswil ist sogar von verrätherischem Verkehr der beiden Brüder Georg und Caspar unmittelbar vor der Schlacht selber die Rede.[3])

Dass Scheuren als erste Rückzugsstellung günstig ist, zeigte sich im Sonderbundskriege 1847, als bei jeder drohenden Annäherung der Feinde die Gränzposten und die Bewohner der Gränzhöfe mit ihrem Vieh auf die Höhe um den Zwinglistein sich zurückzogen; aber bei so übermächtigem Angriffe wie 1531, da noch am Vormittag des Schlachttages das zürcherische Fähnlein nicht über 1200 Mann betrug, zumal bei bezüglichem Auftrage des Rathes, hätte eine rückliegende Aufstellung den entschiedenen Vorzug verdient. Diese lag am Münchbühl oder noch besser gleich am Albispasse, da Göldli wissen musste, dass desselben Tages höchstens noch ein schwaches Panner von Zürich, keinenfalls aber Zuzug der Verbündeten zu erwarten stand, und dass die Hülfsvölker nur successive anlangen und nie gleichzeitig eintreffen würden. War ja z. B. nach Bern die Mahnung zum Zuzug erst Tags vorher abgegangen, wovon Göldli, der wahrscheinlich zu Folge derselben Rathssitzung den Auftrag zum Abmarsch nach Cappel erhalten hatte, Kenntniss besitzen musste. Auch wenn Göldli den Auftrag gehabt hätte, „den Defiléausgang des Sumpflandes für die ihm sofort nachfolgende Hauptmacht offen zu halten", so hätte er doch, sobald er von dem übermächtigen Anmarsch des Feindes Kunde erhielt, zum Gefecht die Stellung hinter dem Mühlegraben, am Münchbühl, beziehen sollen.[4]) Seine Aufgabe hiess aber offenbar: „Gewinne Zeit, damit wir uns sammeln — vermeide es, dich schlagen zu lassen. Und

---

[1]) Die drei Gebrüder Georg, Caspar und Rennward Göldli hätten vierzehn Tage vor der Schlacht ein Mahl zu Cappel gehalten „vnd den plats an dem end vsgangen". Diese Erzählung wurde von Simon Pfister zu Thalweil, nach der Angabe verschiedener Zeugen im Göldliprocesse, verbreitet. Verhöracten im Staatsarchiv Zürich.
[2]) ib.
[3]) Jungvogt Jeckly von Küsnach deponiert als Erzählung Caspar Göldli's: Er (Caspar G.) sei der erste Mann gewesen, den der Ueberreiter auf seiner Rückkehr aus dem Zürcherlager angetroffen hätte. Auf die Frage, wer den Absagebrief abgenommen, hätte der Ueberreiter geantwortet: „Euer Bruder!" (der Zürcherhauptmann Georg Göldli) und Caspar Göldli darauf erwiedert: „Nun ist der Sache recht oder sie steht recht." Verhöracten.
[4]) Nach Hrn. Oberst Rothpletz.

was thut Göldli? Er nimmt sofort Stellung zur Schlacht und er nimmt die Schlacht gegen vierfache Uebermacht in ungünstigen Verhältnissen an." Anders Hans Huber, der bei der Aufstellung des Geschützes den Büchsenmeister Füssli auf den Münchbühl verweist: "Wenn der Vortheil nicht gut genug sein möchte, so wäre dahinter noch ein besserer Vortheil."[1])

Unterdessen hatte sich das katholische Heer, auf etwa 8000 Mann geschätzt[2]), im Baarer Boden unter den Landammännern und Pannerherren der V Orte[3]) zum Abmarsche gerüstet. Voraus überbrachte der Ueberreiter von Luzern den Absagbrief an den Züricherhauptmann[4]). Es folgte die Vorhut von 500 Mann der V Orte und hundert Eschenthalern[5]), dann der Gewalthaufe mit den fünf Pannern und zuletzt eine Nachhut von etwa 400 Mann.[6]) Von Blickenstorf führte die jetzige alte Strasse aus dem Baarer Boden zur Höhe und durch den Wald Schönenbühl.[7]) Gegen Mittag bemerkten die zürcherischen Wachten den Anzug der Feinde, wurden unruhig und begannen abzuziehen.[8]) Bald erblickte man von Scheuren aus den Feind durch den Wald herauskommen; als auch die V Orte ihrerseits die Zürcher an den zwischen den Bäumen der Scheurenhöhe glitzernden Harnischen erkannten, bildeten sie nach altem Brauche die Schlachtordnung und fielen nieder zum Gebet.[9]) Die Vorhut voran zogen sie weiter, der damaligen Strasse nach an der südöstlichen Ecke des Islisberges, beim Göldisbrunnen[10]), vorbei und dem Walde entlang[11]) bis gegen die Wendung der Strasse von diesem zum Kloster hin.

---

[1]) Füssli fol. 2.
[2]) Diese Schätzung Bullingers mag ungefähr das Richtige treffen. Salat nennt 6000, ein von fünfortischer Seite nach Rom gelangter Brief 9000 Mann. Mörikofer Note 223. Das Geschütz scheint ziemlich zahlreich gewesen zu sein, da der Kriegsroddel für Zug allein 4 Stuckbüchsen und 12 Hakenbüchsen aufführt. Das Geschütz wird auch im Schwyzer Zeugenverhör erwähnt.
[3]) Sie sind in den meisten Berichten genannt. Die obersten bürgerlichen Beamten waren zugleich die Hauptleute im Kriege. Einen Oberbefehlshaber scheint es officiell nicht gegeben zu haben, obwohl Kessl. Sabb. p. 382 a. Golder als solchen bezeichnet.
[4]) Göldli an den Rath, Brief vom 12. Oct. — Bull. III, 115 und S. z. S. — Salat, Tanngrotz. — Golder.
[5]) Golder.
[6]) Kundtschaft von Vogt Götschi, nach zwei Depositionen der Verhöracten im Staatsarchiv Zürich.
[7]) Salat, Tanngrotz, und Kessler, Sabb. p. 382 sagen: Schönenberg. Der Wald kommt heutzutage nur noch von der östlichen Seite an die Strasse heran, im Westen liegen Aecker.
[8]) Füssli fol. 2. Bull. III, 118 melden die Wachten: der Feind "brassle herauf" durch den Wald.
[9]) Füssli ib. Golder.
[10]) Auf alten Karten eingetragen. Der Name ist verloren, bezieht sich aber wahrscheinlich auf eine noch jetzt daselbst im Walde befindliche Wasserlache. Er bezeichnete auch die ganze Umgegend.
[11]) Zuger Bericht fol. 4: "Biss vf den Yfelsperg nebet dem wald har." Wörtlich gleich Bull. III, 118 und entsprechend S. z. S. Von der Strasse sind nur noch einige Strecken als Feldwege erhalten; der spätere und noch mehr der jetzige Strassenzug gehen in der Niederung des Plateau hin.

Die Meldung vom Anzug der Feinde traf das Zürcher Fähnlein eben noch an der Kriegsgemeinde zur Berathung der Aufstellung. Der Spiessenhauptmann Rudolf Ziegler rieth nochmals zum Rückzug auf den Münchbühl, da man für die Stellung auf Scheuren zu schwach sei, den Mühlegraben zum Schutze bedürfte und überdiess vom Rathe den Befehl zu vorläufigem Rückzuge hätte. Aber die Nähe des Feindes und eine kräftige Berufung auf die Mannesehre von Seiten des Freiämtlers Rudi Gallmann liessen diesen Rückzug nicht mehr thunlich erscheinen. Die Mehrheit beschloss Verharren auf Scheuren.[1]

Die Zürcher und die fünfortische Vorhut standen sich so gegenüber, dass sie leicht gegenseitig ihre Bewegungen beobachten konnten, die V Orte das Wider- und Vorlaufen und das Rüsten der Zürcher[2], diese das Anhalten der feindlichen Vorhut und die Aufstellung von Büchsen in der Strassenbiegung am Islisberge[3], westlich von Cappel.

Wenn nunmehr der Rückzug unmöglich schien, so hätte Göldli doch an möglichste Verbesserung seiner Stellung denken sollen. Diese konnte bestehen[4]:

1. In der Erstellung möglichst zahlreicher Uebergänge über den Mühlegraben zur Sicherung des Rückzuges.
2. In der Aufstellung eines Fähnleins rückwärts seitwärts im Defilé, etwa im Wald disponiert. Die kleine Abtheilung hatte die Aufgabe, im Falle des Rückzuges dem ungeordnet nachfolgenden Feinde im Defilé einen Hinterhalt zu legen, dessen plötzliches Vorbrechen der Masse ein Entrinnen ermöglicht hätte.
3. Alle Impedimente waren hinter dem Defilé zu lassen.
4. Da die schwache Seite der züroberischen Stellung der linke Flügel war, die Angriffsrichtung des Feindes auf dem Erdwall von Ebertsweil her also als die natürliche in die Augen fallen musste, so hätte das Buchwäldchen verhauen und Schanzen zur Bestreichung der Angriffswege errichtet werden sollen.

Von dem Allem that Göldli gar nichts. Wir werden unten sehen, wie er sich gegenüber dem Begehren hinsichtlich des letzten Punctes verhielt.

2. Angriffsversuch und Aufmarsch.

Oben haben wir die südwestliche Angriffslinie gegen Scheuren besprochen. Der Strassenzug brachte die fünfortische Vorhut naturgemäss zu einem Angriffsversuche auf dieser Linie; der Zuger Bericht sagt daher: „Es war unsere Meinung, gestrax den Feind anzugreifen." Nur gebot die Rücksicht auf Schonung der Truppen, die Biegung der Strasse gegen dem Kloster hin abzuschneiden und einen möglichst westlich ausbiegenden Vormarsch gegen den Feind zu wählen, über

---

[1] Bull. III, 118.
[2] Zuger Bericht fol. 4. Danach Bull. III, 118.
[3] Bull a. a. O. Golder gibt drei Büchsen an.
[4] Nach Hrn. Oberst Rothplets.

das Wäldchen in Wiesingen, die anstossenden Matten im Neugut, den steinernen Gaden, unter der Rossweid durch und über die Hagenweid dem Sennhaus zu.¹) Doch erfuhren die Angreifer sofort die Annäherungshindernisse dieser Linie; zudem brachte das zürcherische Geschütz namhaften Schaden.²)

Mit dieser Abwehr der feindlichen Vorhut durch das zürcherische Geschütz scheint es übrigens eine eigene Bewandtniss zu haben. Die hauptsächlichsten der Schützen, wie Itelhans Thumeisen, Hans und Oswald Huber, auch Rudolf Vögeli, bezeugen nämlich, dass Hauptmann Göldli das Schiessen verboten hätte, und dass die Schützen, darüber sehr unwillig, nur durch ihre Widersetzlichkeit gegen Göldli's Befehl den Rückzug der feindlichen Vorhut erzwungen hätten.³)

Unterdessen war die fünfortische Hauptmacht in die Strassensenkung zwischen Islisberg und Kloster nachgerückt. Die Zürcher schossen eifrig in ihren rechten, dann in den linken Flügel, so dass unter den V Orten schon Stimmen auf Verschiebung des Angriffs auf den folgenden Tag laut wurden.⁴) Man überzeugte sich, dass der angehobene Angriff wieder aufzugeben sei, und berief die Vorhut zurück⁵), um gemäss vorgängiger Kundschaft des Zuger Landammanns Toss und des Zuger Feldpredigers Rudolf Weingarter, eines gebornen Zürchers und frühern Conventualen von Cappel⁶), die östliche Angriffslinie von der Ebertsweiler Höhe aus „an die Hand zu nehmen".⁷) Die Vorhut zog daher über den Geissacker oder das Linden-

---

¹) Bull. III, 119. Im Urbar des Klosters fol. 3 a. und 6 b. sind Neugut und Wiesingen ebenfalls als anstossend bezeichnet und ihre Lage so beschrieben, dass sie mit den noch jetzt so genannten Gütern übereinstimmt. Der „steinerne Gaden" bei Bull. wohl dasselbe wie die einstige „gmureti schür" im Neugut laut Urbar fol. 8 a., unweit des jetzt „in der Rossweid" genannten Hauses. Der Name Hagenweid bezog sich zur Zeit der Schlacht auf die Matten „nittsich" vom Hagenholz (Bull. III, 111) und „unter dem Sennhaus" (ib. 119), während er heutzutage eine Weide nordwestlich vom Hagenholze bezeichnet. Ueber das Sennhaus vergl. die „Uebersicht des Schlachtfeldes".

²) Bull. III, 119. Dass die Wirkung des Schiessens von Scheuren aus eine bedeutende war, sagt der Zugerbericht fol. 5, und am folgenden Tage bezieht sich Göldli in seinem Berichte an den Rath zu Zürich auf die Leistung seiner Geschütze. Auch Kessler Sabb. p. 383 b. spricht davon.

³) Verhöracten des Cantonsarchivs Zürich. Thumeisen deponiert über das Schiessen: „Das wellte aber der houptmann golldli nitt lassen beschechen, je sy volgettintt jm ein wyl vnts das sich der vygentt jnn das hollts liesse, vnnd zuo Inen schusse; do welltintt sy schlechts ouch schüssen, als sy ouch thettint; das nun dem houptmann gölldli nüt geniele"... Vögeli sagt ähnlich: „do wellte das der houptman Göldli nitt thuon vnnd jnn nitt lassen schüssen". Aehnlich Oswald Huber. Hans Huber's Bericht s. im Anhang.

⁴) Bullingers Vermuthung, dass die V Orte in dieser Verlegenheit Unterhandlungen wohl nicht abgeschlagen hätten, mag zu weit gehen. Indessen sagt doch sogar Golder: „vnnd werlich die sach stuond vff einmal nitt woll".

⁵) Zuger Bericht fol. 5. Fast wörtlich gleich Bull. III, 120.

⁶) Bull. a. a. O. Ebenso die Geschlechtsregister der Pfarrherren der Stadt Zug, zusammengestellt von Hrn. Pfarrhelfer Wikart.

⁷) Zuger Bericht a. a. O. Danach Bull. a. a. O. Er nennt Weingarter als Berather, Jahrzeitbuch Menzingen diesen und Toss als vorgängige Kundschafter.

feld¹) zu den Pannern hinab und mit dem ganzen Heere um das
Kloster herum, durch die Matte Bidenloss²), bei der Mühle an der
Ostseite der Klostermauer³) zur Capelle St. Marx, dem jetzigen Kirch-
hofe⁴), hinauf und von da nordöstlich über die Felder und Matten.
Die V Orte haben daher eine Schwenkung nach rechts vollzogen oder,
wie Blättler bezeichnend sagt, ihre Schlachtordnung gewälzt.⁵) Zur
Sicherung des Marsches besetzten sie das Kloster.

Gleichwohl war dieser Flankenmarsch vor der zürcherischen Stellung auf steilem und dann moorigem Grunde, wenn die feindlichen
Führer die Schwäche der Zürcher nicht kannten, eine kühne That,
weil ein Angriff der Zürcher in diesem Augenblicke für die V Orte
vielleicht vernichtend gewesen wäre, wie Angehörige derselben nachher
selbst gestanden haben sollen.⁶) Bullinger berichtet auch wirklich, dass
die Zürcher Mannschaft an Göldli die Aufforderung zum Angriff der
feindlichen Marschcolonne gerichtet habe, so der Schiffmann Rudolf
Schinz und der Freiämter Rudolf Gallmann, letzterer mit den
Worten: „Jetzt sind sie unser; gewiss, wenn wir sie jetzt angreifen,
sind sie geschlagen; lassen wir sie aber heraufkommen, dass sie in
uns fallen und uns angreifen, so sind wir geschlagen". Aber wie ge-
bannt verharrte Göldli abermals thatlos⁷), obschon er, so gewagt der
Einfall auch gewesen wäre, doch nicht mehr riskiert hätte, als er
schon gethan.

Wie an das seltsame Verhalten Göldli's bei der Wahl der Stellung knüpfen sich auch an seine Widersetzlichkeit gegen den berühr-
ten Vorschlag Aussagen beachtenswerther Zeugen über verrätherische
Absichten des Hauptmanns. Dass nämlich Göldli während dieses
Aufmarsches der Feinde mit einer Büchse vor der Front stand, steht

---

¹) Urbar fol. 4 a. Der Name Lindenfeld ist geblieben. Bull. gibt nur
den erstern. Die anstossende Matte, über welche der Fussweg nach Rifferswil führt
(Urbar 2 b.) heisst dagegen noch wie einst Geissmatt.
²) Bull. III, 120: „ist die matt zwüschen dem kloster vnd Leematt". Das
Urbar fol. 2 b. übereinstimmend: „Item vsserthalb der ringmur vmb ein schöner
bomgarten, ist by vierzechen manwerchen. Item vnden am selben bomgarten ein
matten genannt das bidenloss ist by siben manwerchen". Der „Grundriss..."
von 1738 gibt den jetzt verschwundenen Namen noch an.
³) Der Plan des Klosters um 1700 schliesst zwei Mühlen, eine Säge und
eine Pfisterei noch in die äussern der östlichen Ringmauern ein. Ein alter Strassenzug scheint dort in dem noch vorhandenen Einschnitte von dem untern Mühlegebäude
nach St. Marx hinaufgezogen zu sein, wie dort bei einer Häuserbaute gefundene
Hufeisen vermuthen lassen.
⁴) Die Fundamente der einstigen in der nordöstlichen Ecke des jetzigen Klosters
befindlichen Capelle wurden bei Anlass der Vergrösserung des letztern entfernt.
⁵) Salat p. 307 rühmt von der Kriegskunde der V Orte: sie hätten „nit
gern vnwyslich angegriffen, sunder zugend um den bry, den sy wol wüstand fast
heiss vnd vntöwig syn".
⁶) Bull. III, 121.
⁷) Bull. a. a. O. Dasselbe bestätigen zwei Zeugen der Verhöracten, Peter
Wirth von Cappel, der „dem Feinde vorsein und ihm den Vortheil ablaufen wollte",
und Jakob Gross von Bonstetten, der zum ersten Male gar keine, dann die nichts-
sagende Antwort von Göldli erhielt; „wie er in der Sache handeln solle! die Knechte
kümmerten sich nicht um seinen Befehl (sy gebennd nützit darumb)".

fest¹); dabei will nun eine Anzahl Freiämter Büchsenschützen bemerkt haben, wie er sonderbare Zeichen mit Abschiessen der Büchse, den Schenkeln und dem rechten Arme gab, den Hut aufwarf und hui! rief.²) Diese Angaben, welche im Publikum grosse Erregung hervorriefen³), scheinen vor Verhör besonderer Beachtung gewürdigt worden zu sein.

An diese Versäumniss der Hauptmannspflichten bei dem feindlichen Flankenmarsche reiht sich sofort eine zweite. Wir haben gezeigt, wie das Buchwäldchen oder Scheurerholz, einst bedeutend grösser als jetzt⁴), auf der östlichen Fortsetzung der Scheurenhöhe den linken Flügel der Zürcher deckte. Entweder hätte Göldli mit gesammter Macht durch dasselbe vorrücken und seinen Angriff, etwa in der Richtung gegen Allenwinden, richten sollen; oder er musste doch, wenn er sich auf seine Mannschaft nicht verlassen konnte, seine Stellung nach dieser Seite sichern. In letzterem Sinne hatte schon Tags vorher Hans Huber den weisen Rath gegeben, das Wäldchen zu fällen und nur die mitten durch führende Strasse offen zu lassen; als aber bereits die Aexte bestellt waren, verhinderte Göldli schon damals die Ausführung.⁵) Bei dem Anzuge der Feinde erneuerte sich das Begehren um Fällung oder doch um Besetzung des Wäldchens; wie allgemein, eindringlich

---

¹) Zeugniss seines „Lüttinats" Meister Keller, und seines Knechtes Rudolf Bucher, Wirth zum Storchen.

²) Hans Hüssli von Aeugst, ähnlich Gorius Fridli, Felix Steiner von Ebertsweil, Peter Fischer von Törlen, Peter Fischer von Cappel und andere Zeugen in den Verhöracten. Der letztgenannte meldet von dreimaligem Schiessen Göldli's gen Himmel, „vnd wenn Er also mit dem fürseyl vff die büchsenn tupfete, so wurffe Er dannethin allweg den armm hinuff". Hüssli sagt: „... Vnd hette ein Büchsen inn der hand vnnd zünte die selb an vnnd schusse mit der Büchsen obsich, vnd wurffe sich damit mit dem lincken schenckell vmb, vnnd den rechten schenckell vnnd den rechten arm obsich geworffen vnnd sagt: Lannd mir sy bergan! Dann wir könttint kein bessern stand nitt han, dann wir stand." Steiner sagt, dass Göldli mit einem Büchslein obsich schoss „vnd sich damit wie ein vogell vmbgeworffen vnnd mitt dem huott gewygett. Was aber er mitt solichem gemeint, sye jm vnwissend".

³) Der Gewährsmann eines Zeugen meinte, wenn diese Aussagen wahr seien, so „müsse sich Gott erbarmen, dass sich Niemand der Sache beladen wolle".

⁴) Das Wäldchen, nur noch eine Juchart gross, hielt einst sieben Jucharten, Urbar fol. 6 b. Jetzt steht einzig noch auf der Höhe selber Holz, so dass die Ebertsweilerstrasse, die einst durch das Wäldchen führte, nur noch an demselben vorbeizieht. Der „Grundriss" von 1738 deutet noch auf der nördlichen Seite der Strasse eine kleinere Waldfläche an. Ebenso dürfte, wo er den Büteli (!)-Acker verzeichnet, auf dem Südabhang (sowie auf der westlichen Fortsetzung der Höhe gegen der Zürcherstellung hin) Wald gestanden haben, da der allgemeine Angriff der V Orte durch das Holz namentlich dessen grössere Breite voraussetzt. Genaues lässt sich nicht mehr feststellen. Merle d'Aubigné zeichnet das Buchwäldchen gar nicht, dagegen, weil er für Jauchs Vorhut nothwendig ein Hölschen bedarf, das jetzige Scheurenmooshölzchen, wo Bullinger III, 111 ausdrücklich nur von Moos redet und auch das gleichzeitige Urbar kein Gehölz aufführt. Die Fläche des Scheurenmooses lag früher einige Fuss höher und ist durch Torfgrabungen gesenkt worden.

⁵) Hubers Bericht im Anhang. Uebereinstimmend Felix Steiner der Büchsenschütze von Ebertsweil in den Verhöracten.

und wiederholt, zeigt eine Reihe von dreiundzwanzig zum Theil namhafter Zeugen der Schlachtvorgänge. Dem durch die Rettung des Panners bekannt gewordenen Adam Näf erwiederte Göldli: „Nein! ich will es nicht, sondern ich will es also haben, und lasset mir sie (die Feinde) herzugehen; denn der heutige Tag ist mein". (!)[1] Eine Anzahl Freiämter Büchsenschützen, die auf Befehl Hans Hubers den Wald verhauen wollten, wies Göldli zurück mit den Worten: „So gebiete ich euch, dass ihr hier bleibet", und erklärte überhaupt die Stellung auf jener Seite für nicht bedroht.[2] Auch Peter Füssli, der Büchsenhauptmann, wurde anfänglich mit seinem Begehren, durch Schiessen den Wald für die Feinde unzugänglich zu machen, abgewiesen.[3]

Wenn Göldli den Angriff gegen die feindliche Marschcolonne nicht wagte und dazu das Wäldchen offen liess, so hätte er diesen letzten Augenblick des feindlichen Aufmarsches zum Rückzug benutzen sollen. „Beides konnte unter den Umständen, die wir heute nicht mehr so genau kennen, das Richtige gewesen sein. Aber fehlerhaft und sinnlos war es nunmehr, nachdem die Uebermacht und die Angriffsrichtung des Feindes erkannt war, noch auf Scheuren auszuharren, selbst wenn man annehmen will, die Stellung auf Scheuren sei überhaupt jemals gerechtfertigt gewesen. Der Feind bedurfte für seinen Flankenmarsch, für die neue Ordnung und den tastenden Vormarsch mindestens ³/₄ bis 1 Stunde Zeit, was für die Zürcher lange genügend war, um das Plateau von Hausen und den Albis zu erreichen.[4]

Während dieser peinlichen Thatlosigkeit im Zürcher Lager hatten die V Orte ihren Flankenmarsch ungestört vollführt; sie waren über den Hofacker, bei Allenwinden vorbei und über den Malenstein[5] zur Ebertsweiler Höhe gelangt und stunden nun, durch

---

[1]) Deposition Adam Näfs in den Verhöracten: „dann der büttig tag ist minen".

[2]) Die Zeugen hierüber sind: Hans Huber (s. im Anhang), Alba Gyssler, Hans Hüssli, Lenz Häginer, Conrad Fürst, Hans Boxhorn, Bastian Wetzel, Burkhart Pfenninger, Conrad Eggli, Jakob Baumann, Hans Brandenberger, Jörg Stierli, Vogt Götschi, Hans Fischer von Ebertsweil, Gorius Fridli, Heini Habersaat, Rudolf Vögeli, Rottmeister Rüdi Welti, Heini Jos. Meister Keller, Göldli's Lieutenant, und Heini Schänikon und Bullinger III, 119 schieben dem gefallenen Abte von Cappel, der sein Besitzthum (Urbar fol. 6 a.) habe schonen wollen, die Schuld zu. Letzteres ist schon an sich unwahrscheinlich und wird durch die Deposition des Rüdi Foiler von Riffersweil widerlegt; er meldet nämlich, wie der Abt selber zu Göldli kam mit der Meldung, die Aexte zum Fällen der Bäume seien bereit.

[3]) Füssli fol. 3.

[4]) Nach Hrn. Oberst Rothpletz.

[5]) Der Hofacker laut Urbar fol. 5 a. südöstlich von St.Marx hinter dem jetzigen Lierenhause. Der Name ist verschwunden. Malenstein, noch jetzt Wiesen und Scheune östlich von St.Marx so genannt, im Urbar 3 b. Alastein. Zwischen beiden Gütern der jetzige Hof Allenwinden, früher im Boden genannt. Das Jahrzeitbuch Mensingen führt hier das Frickes Haus an; da Allenwinden allein freies Eigenthum in der Umgebung des Klosters war, dürfte jenes nach dem Eigenthümer benannte Haus diesen Hof bezeichnen.

das Buchwäldchen und das Holz und Feld im Kalchofen getrennt, ihren Feinden in mindestens ebenbürtiger Stellung gegenüber. Gegen diese Richtung kehrten endlich auch die Zürcher ihre Front[1]), nachdem der Büchsenmeister Füssli schon vorher sich beschwert hatte, warum man doch das Geschütz noch immer gegen das Kloster hinunter gerichtet halte, wo doch die Feinde nicht mehr seien.[2]) An dem Eifer vieler Gutgesinnter im Zürcher Heere ist nicht zu zweifeln; an der misslichen Lage aber, wie sie nunmehr Nachmittags um 3 Uhr dem kleinen Fähnlein durch die Ostaufstellung der mehrfachen feindlichen Uebermacht bereitet war, trägt Göldli's Leitung die Schuld.

Erst jetzt[3]) war ohne alle Ordnung und aufgelöst das Panner mit nur 700, durch den beschwerlichen Eilmarsch ermüdeten Männern und vier kleinen Büchsen[4]) im Anzuge unter Leitung der treuesten Anhänger der Reformation. In banger Hast hatte man sich auf dem Albis entschlossen, den Zuzug nicht aufzuschieben; lang anhaltender Kanonendonner und rasch sich folgende Eilboten verdrängten zögernde Rücksichten auf Erfolg oder Misslingen, und das Mitgefühl überwog zuletzt die Klugheit.[5]) Oberhauptmann zum Panner war Hans Rudolf Lavater, Vogt zu Kyburg, Schützenhauptmann Wilhelm Töning, Wirth zum rothen Haus, Pannerherr Meister Hans Schweizer von der Schmieden und dem kleinen Rathe, Feldprediger zur Panner nach alter Sitte der Pfarrer zum Grossmünster, Ulrich Zwingli. Dass Lavater keine Schuld an dem unglücklichen Ausgange der Schlacht trifft, er vielmehr gerade noch recht kam, geschlagen zu werden, erhellt aus dem Bisherigen. Er sagt daher in seiner Verantwortung mit Recht, die Schlachtordnung sei schon gemacht, das Geschütz aufgestellt und der Feind vorhanden gewesen, so dass nichts zu verderben, sondern alle Noth und Sorge schon da war. Ein banges Gefühl beschlich ihn und die andern Hauptleute, als sie die schwierige Rückzugslinie über den Graben und das Ried bedachten und zudem die Möglichkeit nahe lag, von den Feinden durch die Matten im Loch hinterzogen zu werden[6]); noch zweimal wurde der Vorschlag, auf dem Münchbühl eine gesicherte Stellung zu suchen, von dem Büchsenhauptmann eindringlich gestellt[7]) und von den Hauptleuten Lavater, Göldli und Töning mit Zwingli ernstlich berathen; aber es schien ihnen schon zu spät, und Füssli entfernte sich von ihnen erzürnt.

---

[1]) Füssli fol. 4 a.
[2]) Ib. fol. 3.
[3]) Bull. III, 123. Füssli fol. 2 b. Golder, mit der spottenden Bemerkung, „Zwingli und sein Rath" hätten sich an der Kirchweih versäumt.
[4]) Füssli fol. 3.
[5]) Die Berathung auf der Albishöhe bei Bull. III, 122 f. Fast komisch nimmt es sich aus, wenn Merle d'Aubigné bei diesen Schilderungen in poetischen Farben die schöne Aussicht auf Mönch und Jungfrau und den ganzen Alpenkranz malt, der auf der Albishöhe vor uns tritt. — Vergl. die Abbildung Neujahrsbl. e. (Litt.)
[6]) Bull. III, 124.
[7]) Füssli fol. 2 b. f. Bull. III, 124.

3. Ordnungen und Kampfweise.

Die Aufstellungen der beiden Heere lassen sich nicht mehr bis ins Einzelne nachweisen. Die fünfortische Ordnung, 8000 Mann, mehrtheils mit langen Schwertern[1]) versehen, die Hauptleute zu Pferde[2]), stand hinter dem Kalchofenwald und reichte bis über das Feld rückwärts vom Buchwäldli hinaus.[3]) Das Geschütz stellte sich an der Ebertsweiler Strasse auf.[4]) Die Vorhut, wahrscheinlich zu einem grossen Theile Unterwaldner[5]), stand im Kalchofen. — Genaueres lässt sich über die Zürcherordnung erschliessen. Ein „oberer Haufe" stand mit dem Geschütze auf Scheuren[6]), namentlich das Fähnlein von Kyburg und eine stärkere Abtheilung von Hakenschützen vor der Front zum Plänkeln.[7]) Ein „hinterer Haufe" gegen dem Mühlegraben und der Brücke zu bildete den linken Flügel zwischen dem Scheurenmoos und der Strasse.[8]) Die vorderste Reihe der Ordnung bildeten die Spiessträger.[9]) Hier, ungefähr im Centrum der Linie, am Abhang der Höhe zum Moose, stunden die meisten Hauptleute sammt Zwingli, der eine Hellebarde trug[10]), dem Abte von Cappel[11]) und den andern Geistlichen.[12]) Hinter dem Vordertreffen stellte sich der Pannerherr Schweizer auf[13]) und hinter dem Panner standen noch zwei Reihen.[14]) Ausser Göldli war im Verlaufe der Schlacht Niemand zu Pferd.[15]) Die Zürcher waren nunmehr 2000 bis 2200 Mann stark mit 15 Geschützen. Oberhauptmann war Lavater; ob übrigens er oder Göldli in der Schlacht selber den thatsächlichen Oberbefehl führte, ist nicht ganz klar.

---

[1]) Salat p. 308. Die Zürcher hatten zu wenig solche Schlachtschwerter. — Bull. III, 128 lässt die Zürcher im Kampfe nach kurzen Wehren rufen. Eine bezügliche Forderung ging am folgenden Tage an den Rath nach Zürich ab. Brief im Staatsarchiv Zürich.
[2]) Hertenstein über Schultheiss Golder von Luzern und Landammann Toss von Zug. Im Schwyzer Zeugenverhör wird Martin Mürdi von einem seiner Landsleute bemerkt: „wer ich den ganzen Tag uff dem ross ghockt wie du, so wolt ich auch woll mögen louffen".
[3]) Hertenstein berichtet von dem Angriff „vff der linggen syten vber das velld gegen dem wald" (Buchwäldchen). Vergl. auch den Zuger Bericht fol. 5.
[4]) Zuger Bericht a. a. O.
[5]) Ihre Kriegslust, der grosse Verlust und die Beutetheilung lassen diess erschliessen. Bull. Tschudi.
[6]) Bull. III, 126. Füssli fol. 3 über das Geschütz.
[7]) Bull. a. a. O.
[8]) Bull. III, 141 sagt von der zweiten Todtengrube, deren Lage er genau angibt, dass sie „am Angriff" (des linken Flügels) gelegen sei.
[9]) Salat p. 308. Bull. III, 126, 128.
[10]) Bull. III, 127.
[11]) Füssli fol. 3.
[12]) Vergl. die Zahl der gefallenen Geistlichen.
[13]) Bull. III, 128.
[14]) Füssli fol. 4.
[15]) Verhöracten des Cantonsarchivs Zürich. Lavater, Zwingli und Andere, die ebenfalls auf das Schlachtfeld geritten waren, liessen ihre Pferde im Hauserholze zurück.

Da sich über die Schlachtordnung und die Bewaffnung in der Cappeler Schlacht weiter keine Angaben vorfinden, geben wir eine allgemeine Schilderung des damaligen schweizerischen Heerwesens, der Bewaffnung und Kampfweise, wie Herr Stadtrath Meyer in Zürich sie so ansprechend gezeichnet hat.[1]) Ueber das zürcherische Heer sagt er:

„Das vollständige zürcherische Kriegsheer bestand aus mehr als hundert kleinen Contingenten jeder städtischen Zunft und jeder Gemeinde der Landschaft. Jedes dieser Contingente bestand aus drei Waffen, den Spiessen, den Kurz- und Schlagwehren und den Schützen. Jede dieser Waffen einer Zunft, Gemeinde, Herrschaft, hatte ihren Hauptmann, und das gesammte Zunft- oder Gemeindecontingent wieder seinen Hauptmann nebst einem Zeichen oder Fähnchen.[2]) Bestand also das zürcherische Kriegsheer oder Zürichs Zuzug zum eidgenössischen Kriegsheer aus 15—1800 Mann, so waren dabei kaum weniger, eher mehr als fünfzig Zeichen, von denen jedes auch seinen besondern Tross, sei es ein oder mehrere Saumpferde, einen oder mehrere Karren mitführte, und durchschnittlich auf acht oder neun Mann sah man einen Hauptmann. So blieb jede Zunft oder Gemeinde auf dem Marsche um ihr Zeichen versammelt[3]), bis man dem Feinde unter den Augen stand. Dann erst wurde eine Ordnung oder „Ordinanz" gemacht, die Zeichen unterschlagen, die drei erwähnten Waffen in Haufen zusammengezogen und den für dieselben bezeichneten Hauptleuten[4]) sowie dem obersten Hauptmann der Eid des Gehorsams geschworen und des Zusammenhaltens an dem jeder Waffenabtheilung zugetheilten Panner.[5]) Gewöhnlich wurden dann auch Vorhut, Gewaltshaufe und Nachhut geordnet.[6]) Jenen vielen Hauptleuten, die es jetzt aufhörten zu sein, blieb das eifersüchtig von ihnen festgehaltene Vorrecht, sich in's erste Glied zu stellen[7]) und hie und da ihre Meinung hören zu lassen. Wenn sie zu

---

[1]) Dessen „Schlacht von Frastens" im Archiv für Schweizergeschichte Bd. XIV, p. 25 ff., wo das Nähere namentlich über die Waffen nachzulesen ist. Die Angaben über das zürcherische Contingent entnehmen wir desselben Verfassers Abhandlung: „Peter Füssli in der Kappelerschlacht, ein Blick in die Disciplin der damaligen Volksbewaffnung", ein Vortrag in Manuscript, gehalten vor der mathematisch-militärischen Gesellschaft in Zürich 17. März 1871, den der Herr Verfasser uns sehr zuvorkommend zur Benutzung überlassen hat. In Noten geben wir die Bestätigungen der allgemeinen Schilderung durch die entsprechenden Züge aus den Beschreibungen der Cappelerschlacht.

[2]) Die Fähnlein der Herrschaften Andelfingen, Grüningen, Kyburg in der Schlachtbeschreibung Bullingers III, 158. Die Mannschaft der Gemeinde Meilen und das Fähnlein von Grüningen marschieren an, ib p. 112. Ein Hauptmann Vogler von Elgg wird erwähnt in den Verhöracten, ebenda ein Rottmeister Welti. Hans Huber commandierte eine Abtheilung Hakenbüchsen.

[3]) s. Note 2 Meilen und Grüningen. Den Anzug einiger Luzerner Gemeinden und Herrschaften im Augenblick des Abmarsches von Zug meldet Golder.

[4]) Die Waffencommandanten Bull. III, 113, 114.

[5]) Die Schützenfähnlein der Zürcher und Luzerner kommen vor, ib.

[6]) Für die V Ortischen vergl. p. 26.

[7]) Büchsenhauptmann Füssli und der Wachtofficier Hartmann Klauser bei Füssli fol. 3. Lavater und andere Hauptleute p. 33.

Pferde zum Schlachtfeld geritten waren, sassen sie gewöhnlich ab und kämpften zu Fuss." [1])

Die eidgenössische Schlachtordnung bildete in der Regel ein Viereck mit zwölf Gliedern nach allen Seiten, inwendig die Schlagwehren, auf den Flügeln und vor der Fronte die Schützen.

Ehe der Schlachthaufe angriff, marschierten die Schützen des einen Flügels vor der Front des Schlachthaufens auf und nach dem Abschiessen wieder hinter den Haufen zurück. Darauf thaten die Schützen des andern Flügels dasselbe; doch war die Wirkung keine sehr bedeutende, denn das Laden und Fertigmachen gieng damals noch langsam von Statten, da die Feuergewehre jener Zeit, meist Haken [2]) oder halbe Haken (auch Handrohr genannt), sehr unvollkommen waren. Den Lärm der Salven erhöhte ein allgemeines Geschrei des ganzen Kriegsheeres, in welches sogar die Trossbuben und die Weibsbilder verpflichtet waren, einzustimmen. — Das Nämliche gilt von der Artillerie; ihre Wirkung blieb damals noch unbedeutend und ohne Einfluss auf den Entscheid der Hauptschlacht; denn kaum alle Viertelstunden war es möglich, wieder einen Schuss zum Abfeuern bereit zu haben.

Nach dem Schiessen erfolgte der Angriff des Schlachthaufens, voraus die geachtetste Waffe der alten Eidgenossen, die Spiesse [3]), den ersten Angriff auszuhalten, die feindliche Ordnung zu brechen und der eigenen als Hauptstütze zu dienen. Der Spiess war eine Stosswaffe mit Stange von Eschenholz, 16—18 Fuss lang, wurde in der Mitte angefasst und erforderte die volle Rüstung, Körperstärke, Uebung und Kaltblütigkeit des Kriegsmannes. Von mehr als drei Gliedern auf einmal wurden die Spiesse nicht niedergelassen, um sich nicht hinderlich zu werden. Den Angriff der Spiesse auf einander, „das gegen einander Trucken" der Schlachthaufen, wurde gewöhnlich für die Schlacht entscheidend, indem, wenn einige Glieder Spiesse niedergestreckt waren, die Ordnung hinterhalb zu wanken begann.

Sobald sich der eine Theil zum Rückzug wandte, so öffnete sich die Ordnung des Siegers und jubelnd brach das Innere des Haufens, das mit kurzen Wehren, Hellebarden, Schwertern, Mordäxten u. s. w. bewaffnete junge und arme Volk hervor. Wenn es gelang, den Feind entschieden zur Flucht zu zwingen, so stürzte ihm der Sieger in aufgelösten Schaaren mit Ungestüm nach, und dann wehe dem Fliehenden! Sein Verlust an Todten stieg oft in's Unglaubliche, besonders wenn die Flucht, wie gerade in der Cappelerschlacht, über ein durchschnittenes Gelände gieng und Gräben, Sümpfe, Hecken und dergleichen Hindernisse im Wege lagen. Da war Jeder, den auch eine nur leichte Wunde oder das Gewicht der Rüstung oder der schwere Körperbau am Laufen hinderte, Jeder der stolperte oder von fliehenden Genossen

---

[1]) s. p. 33.
[2]) Der Name ist nicht sicher zu erklären. Der Haken war ein kurzes und dickes Feuerrohr, wurde aber nicht wie später die gewichtigere Muskete auf eine Gabel (Furkett) aufgelegt.
[3]) Hauptmann Lavater mit einem Spiess vorn in der Ordnung.

überrannt wurde, ein Kind des Todes, und die Begnadigung zu Kriegsgefangenschaft wurde nicht so bald gewährt.¹)

Vor Allem ist auch die Vorstellung zu widerlegen, als hätten die alten Eidgenossen eine gute Mannszucht in ihren Heeren gekannt. Nur im Momente der Schlacht hielten sie fest zusammen; sobald man unthätig im Lager lag, war ein „Zu- und Ablaufen wie an einer Kilwe" und der gemeine Mann war nicht mehr zu bemeistern. Viele liefen nach Hause oder nach einem andern Lager, wo sich hoffen liess, dass bald etwas vorfallen würde. Den Charakter des ganzen Heerwesens jener Zeit zeigt der Gebrauch des Wortes „Raub" als damalige officielle Bezeichnung für Requisition. Wer wollte sich da verwundern, wenn vielfach über Ungehorsam, Vernachlässigung des Wachtdienstes, Vollsaufen u. A. m. geklagt wurde und die Tagsatzungsabschiede Ermahnungen und Drohungen immer wieder erneuern? Nur dem Umstande verdankten es die alten Eidgenossen, dass die Folgen des Ungehorsams nur selten zu Schlappen vor dem Feinde führten: die Disciplin der Feinde war noch schlechter als die ihrige.

III. Die Schlacht.

1. Angriff und Treffen.

Um 4 Uhr begann sich die Sonne schon zu neigen und man erwartete keinen Angriff mehr. Im Zürcher Lager machte desshalb, auf die Ankunft der vier zum Panner gehörigen Büchsen hin, Füssli abermals den Vorschlag zum Rückzug auf den Münchbühl. Er führte, da von den Hauptleuten nur Göldli noch dawider war, diesen selbst auf den Bühel und erhielt von ihm endlich den Auftrag, die Ordnung und die Büchsen hinzuführen.²)

Im fünfortischen Lager hoben die Hauptleute an, die Verschiebung des Angriffs auf den folgenden Tag einzuleiten und ein Nachtlager auf der Ebertsweiler Höhe zu verabreden.³) Daran nahm aber der gemeine Mann Missfallen⁴); die Masse, lange genug durch die Proviantsperre erbittert, drängte zum Entscheide.

---

¹) In der Cappelerschlacht erst nach Rückkunft des Heeres von der Verfolgung der Fliehenden. Bull. III, 138.

²) Füssli fol. 3 b. ff. berichtet ausführlich hierüber. Die lang anhaltende Weigerung Göldli's versichern auch die Depositionen Jakob Baumann und Jakob Gross im Verhöre. Füssli's Schwager, Lienhart Holzhalb, antwortete er: „Nein! es ist abgeredet, dass wir hier wollen bleiben und uns hier finden lassen", worauf dieser entgegnete: „Wohlan! wo sich ein Anderer finden lässt, da will ich mich auch finden lassen."

³) Zuger Bericht fol. 5 (danach Bull. III, 124 f.), Hertenstein, Blättler, Salat p. 308.

⁴) Dieselben Quellen, begreiflicher Weise mit Ausnahme des amtlichen Feldschreibers und Chronisten Salat. Die den Hauptleuten gemachten Vorwürfe bei Bull. III, 125. Hiezu stimmt, dass Golder die Hauptleute ausdrücklich entschuldigt.

Diese Gesinnung vertrat besonders Vogt Hans Jauch aus Uri, ein guter Büchsenschütze. Mit einer Zahl vertrauter Leute wagte er sich in das vorliegende Buchwäldchen, das durch seine grossen Bäume[1]) hinreichende Deckung bot, die Zürcher auszukundschaften. Er sah ihre geringe Zahl und wie gerade zum Abzug auf den Münchbühl gerüstet wurde.[2]) Diesen Augenblick hielt er für günstig und griff mit etwa 300 Mann meist Unterwaldner Büchsenschützen, durch Schiessen aus dem Wäldchen an. Zu dem Angriff soll im Gegensatz zu den Hauptleuten besonders der unter den Luzernern stehende Bruder des Zürcherhauptmanns, Caspar Göldli, Ritter, einst Zürcher Hauptmann zu Frastenz und Dornach, gerathen haben.[3])

Ueber die Ausführung dieses Angriffs geht aus allen Berichten übereinstimmend hervor, dass Jauch durch eine vom Terrain wesentlich unterstützte, gut geleitete Doppelbewegung die Zürcher über den Hauptangriff zu täuschen vermochte.[4]) Einerseits beschäftigte er durch die Schützen unter Rudolf Haas, dem Schützenfähndrich von Luzern[5]), auf der Höhe die feindlichen Hakenschützen des „obern Haufens", d. h. des rechten Flügels der Zürcher[6]) und unterstützte diesen Scheinangriff durch 400 Spiessknechte, die er im obern Theile der Cappelmatten blinden Lärm machen liess.[7]) Hierauf drangen Schützen und Andere da, wo das Buchwäldchen an das Moos stosst, über dieses heftig, aber in regelloser Ordnung[8]) gegen die Mitte und das Panner der Zürcher vor, um ihre Linie zu sprengen.[9]) Dadurch und wohl in der Annahme, es gelte einen allgemeinen Angriff der V Orte, wurden die Zürcher verleitet, an dieser Stelle mit gleicher Wucht und mit der ganzen Ordnung gegen das Moos vorzusinken.[10]) Heftig wogte die Schlacht mit

---

[1]) Schwyzer Zeugenverhör.

[2]) Dass für die Zürcher wegen ihrer unfertigen Aufstellung der Angriff gefährlich war, sagt auch Joh. v. Hinwyl: „vnd ehe jemand recht still stuhnd, grifend die 5 Örter sie an am selben tag, um 4 Uhr nach Mittag."

[3]) Nur bei Bull. III, 125. Die Zahl von etwa 300 Mann der Vorhut auch bei Salat p. 308.

[4]) Desshalb sagt Kessler, Sabb. p. 382 b., wo er von dem Angriff der V Orte redet, ganz richtig: „anderst, dann sy (die Zürcher) vermeintend". — Herr Oberst Rothpletz findet den Doppelangriff „vortrefflich geschildert".

[5]) Jahrzeitb. Menzingen. — Tschudi p. 189. Vergl. die Deposition Vogt Bruders im Kriegsroddel.

[6]) Bull. III, 126 lässt Jauchs Schützen „gegen dem Aescher gegen dem Sennhaus" vordringen und durch die Matten ausbrechen. Es ist dies ein Angriff vom Buchwäldchen aus durch den obern Theil der Cappelmatten gegen den äussersten rechten Flügel der Zürcher. Aehnlich Salat p. 308.

[7]) Tschudi p. 192. Ebenso Jahrzeitbuch Menzingen: er liess sie ein „Gepräch" machen. Ein Spiessknecht und ein welscher Büchsenschütze in den Cappelmatten kommen im Schwyzer Zeugenverhör vor.

[8]) Zuger Bericht fol. 6. Bull. III, 127. Salat p. 308: „Je etwan an eim ort ein zal, an eim andern ort aber etwan ein tozet minder oder mee der V orten lüten, suochtend wider vnd für" u. s. w.

[9]) Salat p. 308 ausdrücklich: „dass si ein lucken in die Zürcher ordnung trucktend."

[10]) Bull. III, 127. Das Vordrücken des Pannerherrn p. 128.

„Werfen, Hauen, Stechen, Schlagen und Schiessen, Stich um Stich, Streich um Streich"[1]), besonders hartnäckig an der gefährdeten Stellung an dem Moosgräblein und um die Hecke beim Abfall der Höhe zum Moose[2]), nahe vor dem einstigen Zwinglibaume[3]), wo um das Panner Zwingli mit andern Geistlichen und den Hauptleuten stand. [4]) Schon schien sich das Glück auf Seiten der Zürcher zu wenden: die Feinde wichen zweimal zurück[5]); aber es war erst deren Vorhut, welcher die Zürcher an Zahl überlegen waren.

Während dieses Vordringens zum Moose und durch dasselbe verlor der rechte Zürcherflügel seine dominierende Stellung auf der Scheurenhöhe[6]); eine Bewegung der feindlichen Hauptmacht gegen dieselbe war somit vollständig gedeckt, um so mehr als die auf Scheuren stehenden Kyburger im Augenblicke des Angriffs weggeführt worden und damit dieser Ort „los und ledig gegen dem Feinde" war.[7]) Daran trägt wiederum der unglückselige Göldli die Schuld; von Lavater abgeordnet, den linken, weil zunächst gelegenen Flügel auf den Münchbühl zurückzuführen, hatte er nämlich das Kyburger Fähnlein und andere Mannschaft des rechten Flügels[8]) weggezogen, wie Lavater selbst sich beklagt[9]), den „unrichtigen Haufen". Was übrigens im jetzigen Augenblicke der Bezug des Münchbühls noch für einen Sinn haben konnte, ist nicht ersichtlich.

Jauch hatte den Angriff auf eigene Faust unternommen[10]); aber nunmehr konnte ihn die Hauptmacht nicht mehr im Stiche lassen. In

---

[1]) Füssli fol. 4 b. Salat p. 308. Bull. III, 127. Der erstere sagt: „dass Ich glaub, dergleichen kaum gesehen sei" — und doch hatte er die blutige Schlacht von Marignano 1515 mitgemacht!

[2]) Das Gräblein bei Tschudi p. 192 weist auf das Moos, der „Vortheil" auf den Abhang, von dem herunter die Zürcher stritten. Eine Hecke, die einzige des ganzen Schlachtfeldes, findet sich noch an jener Stelle. Der Moosgraben auch bei Füssli.

[3]) Dass dieser nahe hinter dem Angriff stund, sagt Bull. III, 136.

[4]) Füssli, der Büchsenhauptmann, und der verwundete Abt von Cappel begegnen sich dort vorn in der Ordnung, Füssli fol. 3. Weiteres über die Stelle des Hauptkampfes s. unten.

[5]) Füssli fol. 4 b. Göldli an den Rath (Brief vom 12. October im Cantonsarchiv Zürich) und dieser nach Basel (Brief vom 14. Oct. im Cantonsarchiv Basel). Bull. III, 127. Auf fünfortischer Seite wird dieses Zurückweichen in einer Darstellung als Kriegslist bezeichnet.

[6]) Stettler, Schweizer Chronik stellt die Sache ähnlich dar. Die Zürcher, vor Allem der Pannerherr, „hätten sich aus ihrem Vortheil über ein Moos gelassen", seien über den Graben (wohl das Moosgräblein) den Feinden auf freien Platz (also in das Moos hinein!) „so fräffentlich vnter Augen gedrungen, dass etliche der erfahrensten, als Eberhart von Reischach vnd Huldrich Zwinglius selbst, solches nicht gut finden kondten, den Panertrager Hans Schweitzer vermahneten, Er solte widerumb zu ruck über den Graben tretten, den sichern Vortheil vnd die kriegsgeübten Feind nicht verachten" ...

[7]) Bull. III, 126.

[8]) Bull. III, 126.

[9]) Verhöracten im Cantonsarchiv Zürich.

[10]) Nach allen Berichten. Laut Tschudi und Jahrzeitb. Menzingen wurde ihm sogar Landammann Rychmuth von Schwyz nachgeschickt, ihn abzumahnen.

drei Richtungen, die Panner und Zeichen in der Mitte ungefähr der Ebertsweiler Strasse nach [1]), drang der Gewalthaufe, anfangs in aufgelösten Gruppen, unter grossem Geräusche durch das Buchwäldchen vor. [2]) Er „benutzte kläglich den Fehler" Göldli's [3]) **und wusste durch geschickten Angriff auf die entblösste Scheurenhöhe die Zürcher in der Seite zu fassen und dann zu umziehen.** Der ursprüngliche Scheinangriff wurde nun zum Hauptangriff der V Panner. [4]) Von ihrer höhern Stellung sahen die Feinde sofort [5]) die Verwirrung, die Göldli durch die Wegführung des rechten Flügels unter der Mannschaft desselben angerichtet und die Flucht, die daraufhin hinter dem Zürcher Panner, zwischen dem Panner und den Hintersten [6]), begonnen hatte. Zwar versuchte um so verzweifelter die vordere Ordnung im Centrum an der Hecke, um das Panner und Zwingli, zu widerstehen; **aber durch den erneuerten übermächtigen Nachdruck [7]) der Feinde erdrückt, musste auch diese letzte Schaar [8])** „einen Ruck hinter sich nehmen" [9]) gegen dem Birnbaume hin und jetzt wird es gewesen sein, dass Zwingli, verwundet und auf den Kopf getroffen [10]), zusammensank. Ohne weitern geordneten Kampf [11]) gegen die grosse Uebermacht frischer Truppen wurde die Flucht allgemein und die vorderste Ordnung, schon umzogen, grösstentheils aufgerieben. [12])

Dieser habe aber, als er die Lage der Angreifer sah, seinen Auftrag verheimlicht und selbst mitgefochten.

[1]) Die drei Wege hat **Hertenstein**. Da zu beiden Seiten der Strasse Wald lag, muss diese ungefähr die Richtung bezeichnen, welche Centrum und Panner nahmen.

[2]) Das Brummen, Getöse und „Brastlen" bei **Tschudi** p. 193.

[3]) **Ott**, remarques, ganz richtig.

[4]) **Bull.** III, 128, der diesem Angriff dieselbe Richtung wie dem ursprünglichen Scheinangriff gibt. **Joh. Jud** p. 64 und **Kessler**, Sabb. 382 b.

[5]) **Golder**. Ebenso der Bericht des Zürcher Rathes nach **Basel** vom 14. October.

[6]) **Füssli** fol. 5 a. Aehnlich **Golder**. **Bull.** III, 126 f. Ebenso der Bericht der **Strassburger Kriegsverordneten an Landgraf Philipp von Hessen** am 23. October.

[7]) **Golder**.

[8]) **Tschudi** p. 192: „und die Hecke, da sie sich bis zuletzt wehrten... verliessen."

[9]) **Füssli** a. a. O. **Golder** anerkennt die mächtige Gegenwehr des Pannerhaufens, hinter welchem die Flucht angegangen, bis der erneuerte Nachdruck der feindlichen Hauptmacht ihn endlich zum Weichen brachte: „da wz vnser nachtruck so gross, das sy da (sc. um das Panner) gar muosstend wychen." Ganz entsprechend berichtet der **Zürcher Rath** nach **Basel**: „Sind sy leyder eyner flucht hynnder vunserem paner sichtig worden, vnnd widerumb eyn rung versuocht" u. s. w.

[10]) **Kessler**, Sabb. p. 382 b. **Bull.** III, 136.

[11]) Weshalb in fünfortischen Berichten erwähnt wird, die Hauptmacht sei gar nicht mehr oder doch nur noch die Leichtbewaffneten, keinenfalls aber das Geschütz (ebenso in den **Schwyzer Verhöracten**, wo das Geschütz nur eine Strecke weit fahren kann) zum Treffen gekommen.

[12]) **Bull.** III, 128.

2. Flucht und Walstatt.

Der Hauptstrom der Flucht[1]) folgte naturgemäss der Landstrasse über die Brücke des Mühlegrabens und das Ried, die Ibachmatt, Grindlen, Heisch und Vollenweid dem Albispasse zu. Eine kleinere Zahl der Flüchtigen, so Lavater und Füssli, entkamen mit Mühe über Hausen und den Schnabelberg in die Mühle zu Gattikon an der Sihl[2]), einige über das Jonenried hinunter nach Riffersweil.

Die V Orte verfolgten die Fliehenden heftig mit allen Pannern und erlegten noch eine beträchtliche Zahl der Feinde auf der Flucht durch das Ried, besonders aber am Mühlegraben; hier fiel der Pannerherr.[3]) Ihm entriss sein Vortrager, Kleinhans Kambli, das Panner und rettete es mit grösster Noth.[4]) Zur Belohnung verlieh ihm der Rath von Zürich die Vogtei Eglisau. Uli Denzler von Nänikon und Adam Näf von Vollenweid wurden für ihre tapfere Hülfe bei jenem Anlasse durch Schenkungen von Gütern und des Bürgerrechtes ausgezeichnet. Des letztern Nachkommen bewohnen noch in sechs Familien die um das alte Sennhaus bei Scheuren entstandenen Häuser, die Näfenhäuser, sind noch Bürger von Zürich und bewahren das zweihändige Schwert, mit dem Adam Näf einem Feinde, der das Panner schon ergriffen hatte, den Kopf abhieb.

Wiederum eigenthümlich erscheinen die Angaben über Göldli's Verhalten während der Flucht. Hans Arter von Ebertsweil muthet ihm nicht undeutlich Feigheit zu: „vielleicht dass er sich in die Sache schicken wollte, dass er davon kommen möchte". Hauptmann Andress Vogler von Elgg berichtet, wie er auf der Flucht von zwei Feinden zu Boden gestossen wurde, wobei aber Göldli, der ihn in der Bedrängniss sah, ihn „in Nöthen allein stecken liess" und floh. Vogler rief ihm nach: „Warum flieht Ihr? Wenn uns unsere Herren von Zürich schon Alle ertränken und uns die Köpfe abhauen würden, so geschähe uns recht, weil wir nicht stehen bleiben". Göldli sei „nichtsdestominder davongeritten". Weitere Ausführungen von Voglers Berichten[5]) lauten dahin, dass Göldli das Fähnlein von Andelfingen im Stiche gelassen, „während er es wohl hätte mögen auch erretten", was der Fähndrich Hans Pfiffer selbst bestätigt.[6]) Vogler fuhr nachher Göldli auf dem

---

[1]) Sehr Ansführliches bei Bullinger.
[2]) Umständlich erzählt bei Füssli fol. 6 b. ff., fast drollig im Vergleich zu den Strapazen der Heere neuerer Zeiten.
[3]) Bull. — Salat p. 308 f. hebt den starken Verlust am Graben besonders hervor. — Auf dem Schlachtplan ist die Stelle der Pannerrettung angedeutet.
[4]) Die Stange ist 14 Fuss lang, der geblümte dicke Damast blau und weiss, oben mit rothem Streifen, der ein weisses Krenzlein und längs der Stange die Jahrzahl 1437 enthält. Ein ganz genau gleiches Panner ist ausser dem Cappeler noch in Zürich erhalten. Das Schlachtpanner zeigt noch den Riss am äussern Rande des Damasts als Erinnerung an die mühevolle Rettung. Freundliche Auskunft über verschiedene Antiquitäten des Cappelerkriegs verdanke ich Hrn. Maler Vogel in Zürich.
[5]) Deposition Jakob Gosswylers nach Voglers Berichten.
[6]) Er deponiert, wie Göldli bei Seite sprang, worauf die Feinde sich an ihn

Albis derb an mit den Worten: „O du Henkers Böswicht! Meine Herren von Zürich sollten dich im Zürichsee ertränken", wobei bedeutsam bemerkt wird: „Hauptmann Göldli habe solche Worte geschluckt und nichts darüber geantwortet." Jakob Gross von Bonstetten will gesehen haben, wie die Feinde Göldli nicht das geringste Leid zufügten, obschon sie ihn wohl hätten erschlagen können, sondern an ihm vorbei eilten. Dem Conrad Zur Wyden, der die Flüchtigen mit Geschrei zum Stehen bringen wollte, soll Göldli zugerufen haben: „Was schreist du so? Siehst du nicht, dass die Knechte erschrocken sind? Und warum lässest's mir nicht laufen?" Zur Wyden rief ihm erzürnt zu: „Bist du ein Hauptmann! Dass dich Gotts Wunden schänd!"[1])

Unten am Albispasse[2]), bei einbrechender Nacht[3]), stellten die V Orte ihre Verfolgung ein, dankten Gott und den Heiligen für den Sieg, beteten nach altem Brauche 5 Vaterunser, 5 Ave Maria und den Glauben, kehrten unter lautem Jubel zur Walstatt zurück und durchmusterten in kalter Nacht beim Scheine der Wachtfeuer und der Fackeln Gefallene und Beute. Daselbst blieben sie nach altem Brauche bis zum dritten Tag. Ihr Verlust war sehr gering, kaum 100 Mann.[4]) Verhältnissmässig am meisten litten die Unterwaldner zu Folge ihrer starken Betheiligung an Jauchs Angriff.[5])

Sehr beträchtlich war der Verlust der Zürcher. Ihre Verwundeten wurden gefangen nach Zug und Luzern geführt.[6]) Etwa ein Viertheil ihrer Mannschaft aber, über 500 Mann, lag auf dem Schlachtfelde todt oder todwund.[7]) Mehrfach begegnen uns darunter drei Brüder[8]); von

---

(Pfiffer) machten und ihn fiengen (ebenso bei Bull. III, 158). Aehnlich der von Göldli gestellte Zeuge Andreas Fogler.

[1]) Weitere ähnliche Depositionen der Verhöracten von Simon Frank, Marx Lendi, Hans Hüssli, Conrad Eggli und Vogt Bruder. — Wie Göldli seine Flucht viel zu weit, bis an die Sihl, fortsetzte, vergl. die „Heeresleitung".

[2]) Hertenstein nennt dort das „dürre Ried".

[3]) Salat p. 309. Golder.

[4]) Bull. III, 139 redet von „über 80 Todten". Diese Zahl ist das Mittel der herumgebotenen Angaben und dürfte nach dem Maassstabe des Zugerverlustes von 11 Mann (Jahrztb. Oberägeri). Dasjenige von Neuheim nennt 5 Namen; das von Menzingen bezieht die Zahl 11 irrig auf den ganzen fünfortischen Verlust) ungefähr richtig sein. Auf dasselbe Ergebniss führt auch die Angabe von 14 in beiden Schlachten Gefallenen und an Wunden verstorbenen Urnern (Jahrzeitbuch Schachdorf). Joh. v. Hinwyl erscheint die Angabe vom fünfortischen Verluste unglaublich klein; er will sie daher noch nicht nennen, findet aber: „Wenn es also wäre, hätte sie Gott wohl behütet". Der geringe Verlust auch bei Tschudi; Salat nennt „in die 30 Mann".

[5]) Tschudi a. a. O.

[6]) Bull. III, 136. Salat p. 310.

[7]) Die amtlich erhobenen Listen bei Bull. III, 142 ff. führen 512 Mann auf, die sofort in der Schlacht oder nachher an den Wunden erlagen. Zwei Roddel von Bern und Luzern sowie der Golder'sche Bericht enthalten ungefähr dieselben Namen der gefallenen Städter wie Bullinger. Salat gibt p. 309 den Zürcherverlust ebenfalls auf „an V^c Mann" an. Die übrigen fünfortischen Berichte gehen bis über 1600 Gefallene. Ihre Uebertreibung rügt schon Bullinger III, 159.

[8]) So von Mettmenstetten die 3 Gebrüder Gallmann nahe beisammen auf der Walstatt liegend.

Kilchberg am See lag ein Vater mit zwei Söhnen todt, der dritte schwer verwundet. Der Zunftmeister Thumeisen fiel ebenfalls mit zwei Söhnen; der dritte zeichnete sich durch Tapferkeit aus.

Die vielen namhaften Gefallenen aus der Stadt fielen schon den Siegern auf.¹) Es waren gefallen 7 Mitglieder des kleinen, 19 des grossen Rathes, die beiden Spiessenhauptleute, der Schützen-, der Helbarden- und der Karrenhauptmann, der Pannerherr, der Schützen- und der Stadtfähndrich, sieben Geistliche aus der Stadt und achtzehn von der Landschaft, darunter der Abt von Cappel, der gewesene Prior der Abtei Einsiedeln, der Johannitercomthur von Küssnach.

Für die Zürcher am empfindlichsten und für ihre Feinde am erfreulichsten war der Tod Zwingli's²), dessen Gattin zu ihrem Gatten auch den Sohn, Bruder, Tochtermann und Schwager zu beklagen hatte³); unter den Verwandten Zwingli's haben sich Gerold Meyer von Knonau, sein Stiefsohn, und ein zweiter Tochtermann, Hans Balthasar Keller, durch Tapferkeit besonders ausgezeichnet; Keller lag mit vierzehn Wunden auf der Walstatt.⁴)

Die nähern Umstände von Zwingli's Tode berichten Bullinger, nach Mittheilungen von Augenzeugen⁵), Salat, Tschudi und das Jahrzeitbuch Menzingen⁶) im Wesentlichen übereinstimmend, namentlich dass er, verwundet auf der Walstatt liegend, beim Fackelscheine erkannt, sich durch Abweisung eines Beichtvaters⁷) den Todesstreich durch den Söldnerhauptmann Vokinger⁸) von Unterwalden zuzog. Abweichend wird die Lage dargestellt, in welcher Zwingli gefunden wurde. Bullinger lässt

---

¹) Bull. III, 139.
²) Bezeichnend für die Stimmung der Katholischen gegen Zwingli in jener Zeit ist die Notiz des Jahrzeitbuchs Wohlen, dass Meister Ulrich „Zwing-die-lüt" die Cappelerschlacht gewonnen habe, aber „per Antiphrasim".
³) Von der „frowen Zwinglin klag" handelt ein schönes Gedicht von Usteri. Zwingli auf dem Schlachtfeld, Abbildungen von Hegi (Hottingers Zwingli) und Usteri (Neujahrbl. f.), das lebensvolle Gemälde Zwingli's Tod von Wekesser auf der Stadtbibliothek Winterthur.
⁴) Vergl. die biogr. Notizen im Kriegsroddel. Die Angabe Tschudi's p. 195, Zwingli's Anhänger seien als die ersten schändlich geflohen, erweist sich schon hieraus als unrichtig, noch mehr aus der Darstellung des Hauptkampfes.
⁵) III, 137.
⁶) Golder schweigt über das Nähere, vielleicht weil er mit dem Vorgehen gegen die Leiche nicht einverstanden war (Bull. III, 167). Der Zuger Bericht berichtet gar nichts über Zwingli.
⁷) Dieser fehlt nur bei Tschudi; die Uebrigen erzählen darüber ausführlich.
⁸) Es lebte gerade um jene Zeit in Nidwalden ein Hauptmann Hans Melchior Vokinger. Bull. hat die Form Fuckinger. Nach andern Berichten ist Zwingli von Andres Anderhalden getödtet worden (die beiden Geschichten von Unterwalden). Nach Tschudi und Jahrzeitb. Menzingen (hier, wahrscheinlich durch Schreibfehler des Copisten, der Name Juckinger), führer er einen Streich mit der Helbarde, nach Bull. und Salat mit dem Schlachtschwerte, wie Salat beifügt, in den Hals. Möglicherweise haben sich beide Männer an der Ermordung Zwingli's betheiligt: Fuckinger hieb mit dem Schwert in den Hals, Anderhalden stiess die Helbarde in den Leib. Des Erstern Name mochte, weil er Hauptmann und einer der von Zwingli so sehr gehassten Söldner war (Bull. III, 136 betont diesen Umstand), in der Ueberlieferung den Vorrang gewinnen.

ihn zum Himmel schauen, Salat das Gesicht zu Boden kehren; Tschudi deutet dies als Absicht, damit man ihn nicht kenne, und lässt ihn, umgewandt, sich wieder umkehren. „Sonderliche Wunden" findet Salat nicht an ihm; er hätte während der Nacht sich wieder erholen und fortkriechen können; dagegen nennt ihn Tschudi tödtlich verwundet; namentlich konnte er wegen zweier Stiche in die Schenkel, auf die auch der gut unterrichtete Kessler [1]) hinweist, nirgends hinkriechen. Gleicherweise lässt das Jahrzeitbuch Menzingen Zwingli auf dem Antlitz im Blute liegen. Von dem starken Schlag oder Steinwurf [2]) auf den Kopf zeugt die zerschmetterte Sturmhaube im Zürcher Zeughause. [3])

Der Baum nahe dem Angriffe, wo Zwingli fiel, ist schon früher [4]) durch einen neuen ersetzt worden; da dieser seither auch abgegangen ist, findet sich die Stelle nicht mehr bezeichnet. Sie ist aber nur wenige Schritte östlich vom Zwinglistein, dem Denkmale, zu verlegen.

Die bekannten letzten Worte des Reformators: „Den Leib können sie tödten, nicht aber die Seele", sind wahrscheinlich eine spätere, nach einem evangelischen Worte gebildete Fassung von Zwingli's letztem Zuspruche an die Seinen. Im Evangelium nach Matthäus [5]) sendet Jesus die Jünger zur kampfreichen Wirksamkeit aus mit den Worten: „Und fürchtet euch nicht vor denen, die den Leib tödten, die Seele aber nicht zu tödten vermögen." Nach Bullinger [6]) spricht Zwingli zu den Seinen: „Biederbe Leute! Seid trostlich und fürchtet euch nicht. Müssen wir gleich leiden, so ist doch die Sache gut. Befehlet euch Gott, der kann unser und der Unsern pflegen. Gott walt' sein!" Der Sinn dieser Worte: trotz leiblichem Unheil das Heil der Seele — deckt sich ganz mit dem des genannten evangelischen Wortes. In beiden Ausprüchen liegt die Weisung, mit welcher der Meister seine Getreuen zum vertrauensvollen Kampfe entsendet.

Angesichts der guten Bezeugung ist dagegen das Wort des alten Zuger Caplans und frühern Chorherrn am Fraumünster in Zürich, Meister Hans Schönbrunner, nicht zu bezweifeln, das er über Zwingli's Leiche sprach: „Wie du auch des Glaubens halber gewesen, so weiss ich, dass du ein guter Eidgenosse gewesen bist." Schönbrunner lebte noch bis zum 5. December 1531. [7])

---

[1]) Sabb. p. 382 b. sagen: „als er nebet den gemechten gstochen ald geschossen". Entsprechend Bull. III, 136.

[2]) Kessler ib. „mit stainen geworffen". Ebenso Bull. III, 136.

[3]) Ueber Zwingli's Waffen und seinen Siegelring vergl. Neujahrbl. Nro. 1. Der Helm kam 1847 durch den Obersten Ziegler aus Luzern zurück.

[4]) Der alte Baum war vor etwa 100 Jahren gänzlich abgestorben und durch einen neuen ersetzt worden, der in diesem Jahrhundert wieder abgegangen ist. Vergl. Neujahrsbl. Nro. 1.

[5]) Cap. 10, 28.

[6]) III, 127. Er hat die biblische Form noch nicht. Kessler, Sabb. a. a. O. hat das Wort ähnlich: „Sind mannlich und frölich, lieben Züricher, muossend wir schon hie einen schwaiss liden, so werden wir doch vor Gott gesigen". Er lässt Zwingli, der durch den Steinwurf bereits umgefallen war, wieder aufspringen, um diese Worte zu sprechen. Ganz entsprechend das Lied Nro. 433, Strophe 7, bei v. Liliencron IV.

[7]) Bull. III, 167 nennt als Zeugen den Caplan Bartholomäus Stocker von

Die **Viertheilung** von Zwingli's Leichnam geschah nach einhelligem Urtheil des Kriegsgerichtes über Zwingli als eines Landesverräthers.[1]) Hinsichtlich der **Verbrennung** berief man sich fünfortischer Seits auf das Ketzergericht des kaiserlichen Rechtes.[2])

Zu dem starken Verlust an hervorragenden Männern kommt die Einbusse von drei **Fähnlein**[3]) und alles mitgenommenen beträchtlichen Kriegsmaterials, achtzehn Büchsen auf Rädern[4]), bei dreissig **Hakenbüchsen**[5]), die **Munitions- und Proviantwagen** sammt den **Pferden u. s. w.**[6])

Die Artillerie hätte auch bei bester Bespannung und Laffetierung verloren gehen[7]) müssen, da sie grösstentheils auf Scheuren stand und durch den Einfall der V Orte in den rechten Zürcher-Flügel sofort abgeschnitten wurde. Von den vier grossen Geschützen waren drei noch unten am Albispasse zurückgeblieben und wurden erst am folgenden Tage von den V Orten abgeholt.[8]) Es scheint demnach, dass sie von den Zürchern vom Albis aus noch hätten gerettet werden können. Die Zeugendepositionen der Verhöracten zeihen abermals Göldli, der die bezüglichen Mahnungen[9]) nicht beachtet haben soll, unverantwortlicher

---

Zug, einen Collegen Schönbrunners, später in Zürich. Das Todesdatum Schönbrunners nach den Pfarrbüchern von Zug; er starb etwa 75 Jahre alt. Ueber Stocker gibt das Diarium des Zuger Hauptmanns Heinrich Schönbrunner einige Nachricht. Ueber Caplan Schönbrunner hat Herr Pfarrhelfer Wikart in Zug aus den Canzleien notiert, dass er 1497 als Pfarrer in Zug erwählt wurde, 1499 an der Schlacht von Dornach theilnahm. 1513 wurde er Chorherr am Fraumünster in Zürich, wo er zuerst Helfer gewesen war. Mit der Reformation siedelte er wieder nach Zug über und starb dort als Caplan am genannten Tage.

[1]) Tschudi p. 195. Aehnlich Jahrzeitb. Menzingen.
[2]) So (der Gerichtschreiber!) Salat in dem Liede Nro. 429 bei v. Liliencron. Tschudi (ähnl. Jahrztb. Menzingen u. Kessler, Sabb.) sagt: Zwingli wurde verbrannt als „allererzester Erzketzer". Freundliche Auskunft über diese Rechtsfragen verdanke ich Hrn. Prof. Osenbrüggen in Zürich.
[3]) Nach allen Berichten. Das Fähnlein von Grüningen, auch einmal verloren, wurde wieder gerettet, Bull. III, 158. Golder mag es unter seinen vier Fähnchen einbegreifen.
[4]) Bull. a. a. O. zählt sie mit Namen auf. Dieselbe Zahl gibt Salat in der Correctur p. 346. In der Schlachtbeschreibung selbst und in einem Liede (bei Liliencron Nro. 428) nennt er mit dem fünfortischen Siegesbericht, Golder und Tschudi 19 Stück. Das Verzeichniss der bei Cappel verlorenen Geschütze im Zeughausarchiv Zürich zählt nur 16 Stück auf, ein Brief aus Nürnberg an Herzog Georg von Sachsen (Staatsarchiv Dresden Nro. 10695) nur 12 und Jahrztb. Aegeri gar nur 10 Stück. Ein 5Pfd. Geschütz, das den tapfern Unterwaldnern zugetheilt wurde, der nachmals sogenannte „Zürichhund", diente ihren Nachkommen 1798 gegen die Franzosen; Oberst Nüscheler im Neujahrsbl. der Feuerw.
[5]) Bull. III, 159 nach Angabe des Zeugmeisters Hs. Ulrich Stampfer.
[6]) Die Stricke und Seile für das Geschütz erschienen Vielen unter den V Orten als zum Aufhängen der zu machenden Gefangenen bestimmt. Bull. III, 159. Salat p. 309.
[7]) Nüscheler a. a. O. sieht hierin den Hauptgrund des Verlierens.
[8]) Bull. III, 159.
[9]) Ein gewisser Bluntschli, der zunächst den aus Zürich nachgeeilten Hauptmann Steiner darauf aufmerksam machte, wurde von diesem Göldli zugeführt, den auch Jakob Baumann von Grüningen gemahnt hatte.

Nachlässigkeit. Hans Fischer von Ebertsweil erklärt rundweg: „An Göldli liegt die Schuld, dass jene Büchsen auch verloren worden", und zu Hauptmann Werdmüller von Zürich äusserte sich nachher ein Berner: „Ihr thut gerade, als ob ihr euer Geschütz mit Fleiss verlieren wolltet."[1])

Ueber die **Plünderung** des Klosters gibt uns Bullinger einen umständlichen Bericht.[2])

Von den zwei grossen **Todtengruben**, in welchen der Rath von Zürich nach Abzug der Feinde die Mehrzahl der Gefallenen beerdigen liess, ist die eine, der alte Keller auf Scheuren, beim Bau der neuen Strasse vor etwa 30 Jahren und vollständig beim Fällen eines Nussbaumes im Jahre 1871 abgedeckt worden. Es traten eine Menge Gebeine zu Tage, aber keine Waffen. Die andere Grube auf dem linken Flügel der Zürcherstellung ist nicht aufgedeckt worden, könnte aber des moorigen Grundes wegen kaum mehr Reste der Begrabenen enthalten. Die V Orte bestatteten ihre Leichen auf geweihter Erde im Kirchhofe zu Baar.[3])

---

[1]) Deposition Hans Hüssli von Aeugst.
[2]) Bull. I, p. 94 f.
[3]) Das Jahrzeitbuch Baar soll jedoch nach der Versicherung des Hrn. Pfarrhelfer Andermatt daselbst keine Auskunft enthalten.

C. KRITIK DER VORGÄNGE:
Ursachen der Niederlage.

I. Göldli's Heeresleitung.

Die Schuld an der Niederlage der Zürcher trägt zunächst der Vorhuthauptmann Göldli. Wir haben nachgewiesen, wie die wichtigsten Fehler in der Leitung bei Ankunft des Oberhauptmanns Lavater schon begangen waren. Dieser ist daher, obschon auch er in einen Process verwickelt wurde[1]), an dem unglücklichen Ausgange des Treffens nicht schuldig und wurde auch in der öffentlichen Meinung bald wieder rehabilitirt. Göldli ist es vielmehr gewesen, der sich gegen den doppelten Befehl des Rathes in ein Treffen einliess, die Stellung auf Scheuren in sonderbarer Hartnäckigkeit gegenüber dem Kriegsrathe festhielt, die Feinde ihren Aufmarsch zur Ebertsweiler Höhe ausführen und das Buchwäldchen offen liess, der im gefährlichen Augenblicke den rechten Flügel entblösste und endlich einer auffallenden Flucht und Vernachlässigung der zurückgebliebenen Büchsen angeschuldigt wird.

Dazu zeihen ihn die Zeugendepositionen noch verschiedener anderer Fehler. Er habe den Ueberreiter der Feinde mit dem Absagbriefe zu nahe an die zürcherische Stellung herankommen lassen[2]) und die Nachmahnung des heranziehenden Panners verschoben bis es zu spät war.[3]) Die Büchsenschützen beschweren sich ferner sehr über sein Verbot zu schiessen, nicht nur beim ersten Angriffsversuche des Feindes, sondern auch bei seinem Rückzuge um das Kloster herum.[4]) Einer derselben[5]) will bei diesem Anlasse Göldli geantwortet haben: „Es wäre von keinem Hauptmann je gehört worden, dass man in solcher Noth sollte befehlen, mit Schiessen aufzuhören." Bei Jauchs Angriff soll Göldli in auffälliger Weise die Ordnung verlassen haben.[6]) Auf dem Albis, wo die geschla-

---

[1]) Vergl. Note 5 der folg. Seite. Die Verhöracten über Lavater liegen ebenfalls im Cantonsarchiv Zürich, sind jedoch, wie es scheint, lückenhaft und ohne Interesse.
[2]) Depositionen von Itelhans Thumeisen und Jakob Träger.
[3]) Deposition Itelh. Thumeisens.
[4]) Barthol. Köchli, Peter Wirth von Cappel und Rudolf Vögeli.
[5]) Köchli. Vergl. Bull. III, 121.
[6]) Depositionen von Jakob Gross, Hans Tungkel, Simon Frank, Hans Fischer. Dasselbe scheint aus Hans Hubers Deposition hervorzugehen.

genen Zürcher sich sammelten, wird er namentlich der Sorglosigkeit in
Ausstellung der Wachten beschuldigt¹), so dass am 13. October eine
bezügliche Mahnung des Rathes zu Zürich erfolgte, mit der ausdrücklichen Erwägung: „So doch unsre Sachen vorher auch etliche Theils
durch Säumniss und Unsorge verwahrlost worden sind."²)

Diesen zahlreichen und gewichtigen Depositionen gegenüber vermögen die von Göldi gestellten Zeugen in keinem einzigen Puncte aufzukommen. Ihre ganze Verwendung zu seinen Gunsten beschränkt sich
auf sehr allgemeine rühmende Aussagen fast ohne jede sachlichen Beziehungen.

Die Hauptfehler in Göldli's Heerleitung, dass dieser den feindlichen
Flankenmarsch gewähren und das Buchwäldchen offen liess, hebt ganz
richtig schon Hauptmann Johann Caspar Ott hervor und bezeichnet
die letztere Unterlassung als „unverzeihliche Sottise". Immerhin glaubt
er nur an Unfähigkeit Göldli's.³) Von den Zeugen der Verhöracten
suchen diejenigen, die Göldli erst auf dem Albis beobachten konnten,
den Grund in seinem Schrecken. Durch diesen sei er auch veranlasst
worden, seine Flucht über den Pass hinunter bis zur Sihl fortzusetzen.⁴)
Hauptmann Steiner sagt ausdrücklich, er habe an Göldli „nichts Verrätherisches" finden können, sondern sein Verhalten „dem zugegeben,
dass er erschrocken war"; so hatte sich ihm gegenüber Göldli selbst
geäussert. Die grosse Zahl der Zeugen dagegen, die ihn im Felde selbst
erfuhren, namentlich solche von der Landschaft, glaubten an Verrath,
wie aus der Thatsache des Processes⁵) und den Gerüchten über vorgängige Verabredungen mit seinen Brüdern hervorgeht. Das Misstrauen
und die Erbitterung gegen ihn wuchs trotz der Freisprechung und des
vom Rathe verordneten öffentlichen Widerrufs einer Verrathsbeschuldigung in solchem Maasse, dass er sich genöthigt sah, der öffentlichen
Meinung zu weichen, sein Bürgerrecht aufzugeben und nach Constanz
zu ziehen.⁶) Ja schon zu jener Zeit wurde der Gang des Processes,
trotzdem er Freisprechung zur Folge hatte, als ein Zeugniss betrachtet,
dass Göldli die Zürcher verrathen habe.⁷)

So sehr auch wir an dem tüchtigen Kriegsmanne, der zehn Jahre
früher wegen seiner kühnen Oeffnung des Passes von Vaprio vom
Papste zum Ritter geschlagen worden war, die Leitung des Treffens

---

¹) Depositionen von Meister Bachofner und Hauptmann Steiner.
²) Brief im Cantonsarchiv Zürich.
³) „Der sonst brave Göldli".
⁴) Depositionen von Werrli Marcher und Rudolf Meier.
⁵) Von der Verhaftung Lavaters und Göldli's meldet ein Brief des Staatsarchivs
Stuttgart vom 11. Nov. 1531. Ein Freund aus den V Orten berichtet an Ritter
Albrecht Völker von Knöringen: „Weiter so haben die Herren von Zürich ihre
Obersten abgesetzt, nämlich den Vogt von Kyburg (Lavater) und
Jörg Göldli; die liegen zu Zürich auf dem Rathhaus. Wessen man sie beschuldigt,
weiss ich nicht" (im Briefe ebenso unterstrichen).
⁶) Bull. III, 298.
⁷) Thomas Platter vita p. 299. Stadlin, Zuger Chr. Note 329 sagt: Das
zürcherische Corps war nach unserm Dafürhalten das Opfer des schwärzesten Verraths oder der gröbsten Unwissenheit.

in hohem Maasse kläglich und unbegreiflich ungeschickt finden, so vermögen wir uns doch der Annahme vollen Verrathes hauptsächlich aus dem Grunde nicht anzuschliessen, weil eine vorgängige Verabredung über die Einzelheiten des Schlachtverlaufs mit den feindlichen Brüdern uns allzu unmöglich erscheint. Ferner darf man nicht übersehen, dass gar vielen Niederlagen die Vermuthung des Verrathes folgt, dass bei der damaligen Aufregung der Landschaft gegen die Stadt der Boden für bezügliche Gerüchte sehr günstig war und endlich, dass die Leitung eines Milizheeres der damaligen Zeit, da Jeder in die Fragen der Oberleitung glaubte hineinreden zu dürfen, ihre eigenthümlichen Schwierigkeiten hatte.

Nach den vorhandenen Quellen erscheint uns demnach Göldli des Verrathes zwar in hohem Maasse verdächtig, aber nicht soweit überwiesen, dass eine sorgfältige Geschichtsschreibung ihn aussprechen dürfte. Dagegen dürfen wir ohne Frage sagen, dass Göldli in Folge seiner Denkart und seiner Familienverhältnisse, wie sie sich besonders in der Schlacht selbst gestalteten, kein Herz für die Sache besass, die er zu führen hatte und darüber auch Sinn und Kopf für sie verlor. Ein abschliessendes Urtheil über Göldli's Heeresleitung setzt die ihm vom Rathe ertheilte Instruction als Commandant der Vorhut und die genaue Kenntniss über die Motive des freisprechenden Urtheils voraus; beide Actenstücke scheinen nicht mehr vorhanden zu sein. Aus den Motiven des Urtheils würde sich vielleicht ergeben, ob der Rath Göldli mit Ueberzeugung freigesprochen oder ob das Urtheil aus eigenem Schuldbewusstsein oder aus Rücksicht gegen das angesehene Göldli'sche Geschlecht erfolgt sei. Aus der Instruction muss sich hinwieder zeigen, ob Göldli sich zur Rechtfertigung seiner Führung auf die Befehle der Obern selbst berufen konnte.[1]) Endlich sind wohl auch die vorhandenen Zeugendepositionen lückenhaft.

Viele ehrenwerthe Männer, wie Füssli[2]), stunden auch bei abweichender Parteistellung doch, wie dieser sagt, „für die Sache des Vaterlandes"[3]) wacker ein. Gleichwohl ist nicht daran zu zweifeln, dass ausser Göldli noch manche Elemente unter dem Zürcherheere sich befanden, die von der überhandnehmenden Reaction angesteckt, die Sache der Reformation innerlich bereits verlassen hatten und von ihr die Sache des Vaterlandes nicht zu trennen vermochten. Es fehlte einem grössern Theile der Zürcher der nöthige Schwung zum Kampfe und es scheint, dass namentlich die niedern Stände ungern mitgezogen waren

---

[1]) Das Fehlen der erwähnten Actenstücke betont Herr Oberst Rothpletz, der im Uebrigen die Beurtheilung Göldli's billigt: „Sie haben die Verdachtsgründe gegen den Züricher Feldhauptmann in so prägnanter und klarer Weise hervorgehoben, dass mir hier kaum mehr etwas zu sagen übrig bleibt, zumal Sie zu dem sehr vorsichtigen und eines Historikers würdigen Schluss kommen: Göldli ist des Verrathes wohl sehr verdächtig, wir haben aber nicht das Recht zu sagen, Göldli sei ein Verräther". — Laut nachträglich aufgefundenen Fragmenten ist das Urtheil sehr wenig sagend und ohne Bedeutung.
[2]) Anderer nennt Tschudi p. 195.
[3]) Füssli fol. 3.

und ihren Unmuth im Weine zu ertränken suchten.¹) Nicht umsonst war also Zwingli, im richtigen Gefühle, der rechte Augenblick zum Waffenentscheide sei bereits längst überwartet, unter bangen Ahnungen und lang andauerndem Beten nach Cappel hinübergeritten.²)

II. Das Verhältniss zu Bern.

In der Darstellung des Treffens zeigt sich, dass die Hauptmacht der Zürcher sehr unvollständig und in höchster Eile auf dem Schlachtfelde anlangte und zu spät kam, das Missgeschick abzuwenden. Nicht mit Unrecht bemerkt daher der Schlachtkritiker Ott, es wäre besser gewesen, das Panner wäre gar nicht angekommen. Die Niederlage wäre alsdann nur eine solche der Vorhut gewesen³), abgesehen von Zwingli und andern namhaften Männern, deren Verlust Zürich erspart geblieben wäre.

Zu dem verspäteten Aufgebot wurde Zürich hauptsächlich durch die Verbindung mit Bern veranlasst. Es ist bekannt, dass Zwingli auf eine frühere Entscheidung durch Waffen gedrungen, Bern dagegen seine Hülfe an die Bedingung geknüpft hatte, dass Zürich an der Proviantsperre theilnehme, damit die V Orte zur Offensive gezwungen würden. Nur mit grossem Widerstreben hatte sich Zürich auf dem Tag der Burgerstädte im Mai vor der Schlacht diesen Forderungen gefügt.⁴) Gewissenhaft wurde daher jeder Auszug bis auf sichere Nachrichten vom Aufbruch der Feinde verschoben, der Vogt von Kyburg, Lavater, erst am 8. October zum Oberbefehl berufen, ja auch nachher noch auf die Kundschaften von der Gränze zu wenig Rücksicht genommen.

Erst am Abend des 9. Octobers fand man die Nachrichten für wichtig genug, Hauptmann Jakob Frey, den zürcherischen Statthalter in Wyl, mit den St. Gallischen Gotteshausleuten sowie das Toggenburg aufzubieten, alles „in grosser Eile", und erst am Vormittag des 10. Octobers erging eine nachdrückliche Mahnung um Beistand nach Bern, wie auch der Beschluss zur Absendung der Vorhut unter Göldli. Da Zürich, dessen Streitkräfte an verschiedenen Gränzpuncten zerstreut lagen, ohne Bern kaum nachdrücklich genug gegen die Hauptmacht der V Orte auftreten konnte, musste es der Wille des Rathes sein, vor Besamm-

---

¹) Bull. III, 124: sie waren „meerteyls trurig vnnd besoufft." An diese Bemerkung Bullingers und „die Bajazzo-Manieren Göldli's vor der Front" schliesst Herr Oberst Rothpletz die Bemerkung an, „man komme fast auf die Vermuthung, der Herr Hauptmann habe sich gleichfalls Muth getrunken, insofern man dieses sonderbare Gebahren nicht verrätherischen Absichten zuschreiben wolle."

²) Bull. III, 137 nach den Angaben des Winterthurer Ueberreiters, Hans Maler.

³) Darauf weist Golder hin und entschuldigt damit die Verschiebung des Angriffs durch die fünfortischen Hauptleute.

⁴) Vergl. den Abschied vom 15. Mai 1531 zu Zürich bei Bull. III, 184 ff.: „schwarlich vnd kummersamklich vns zu sundern Eeren vnd gefallen" etc.

lung aller Bundesgenossen kein Treffen mit dem Feinde anzunehmen; deshalb gab man Göldli den bezüglichen Auftrag und verschob, um gleichzeitiges Eintreffen der Streitkräfte zu erzielen, auch noch das Aufgebot der zürcherischen Bezirke zum Panner.

Als aber an jenem einen Tage des 10. Octobers von Bremgarten und Lenzburg aus die Nachricht von dem Angriff der Luzerner auf Hitzkirch und Hochdorf einlangte, als um 9 Uhr von Rüti her der Aufbruch und um 2 Uhr von Cappel aus schon die Ankunft des Schwyzer Panners berichtet wurde, nicht ohne die ausdrückliche Mahnung: „darum, gnädig mein Herren, verachtet die Sachen nicht" — als um dieselbe Stunde die Rathsabgeordneten in Mellingen um Verstärkung nachsuchten, wurde man in Zürich bis zum Abend über das Heranrücken der Feinde von allen Seiten gewiss. Es erfolgte das Aufgebot der zürcherischen Unterthanen in die Stadt und der Sturm in der Landschaft und um 8 Uhr Abends an Hauptmann Frei die dringende Mahnung, „eilends, eilends, eilends" über Rapperswil, wo Schiffe und alle Bereitschaft geordnet wurden, dem Zürcherheere zuzuziehen.[1])

So brach der 11. October, der Schlachttag, an. Schon des Vormittags folgten sich rasch die Mahnungen von Cappel her unter Hinweis auf den bevorstehenden Angriff der V Orte.[2]) Aber erst um 9 Uhr[3]) konnte das Panner, und mit wenig Mannschaft, aus der Stadt ausrücken. Gen Bern war erst 23 Stunden vorher die Mahnung zum Zuzug in Zürich ausgefertigt worden[4]), und allen nun rasch sich folgenden beiderseitigen Correspondenzen eilten die Ereignisse voraus. Die gegenseitigen Beschwerden über Berichtlosigkeit entsprachen allerdings der Wirklichkeit, aber auch der Nothwendigkeit; denn des weiten Weges halber mussten sogar die ersten Botschaften so spät an ihrem Bestimmungsort anlangen, dass unterdessen der Entscheid schon erfolgt war. Trotz aller Eile hatte auch das Gotteshaus St. Gallen erst um 7 Uhr des vorherigen Abends, das Toggenburg erst nachher aufbrechen können.[5]) Die Thurgauer traten ihren Marsch gar erst im Laufe des 11. Octobers und so spät an, dass sie bis zum Abend nur noch bis Winterthur kommen konnten.[6])

So musste in Zürich die Besorgniss steigen, dass man zu spät sei, „angegriffen und überfallen werde", wie ein Schreiben von Bürgermeister und Rath an den Landvogt Werdmüller, kurz nach dem Auf-

---

[1]) Sämmtliche Briefe hierüber im Staatsarchiv Zürich.
[2]) Die Erregung in Zürich stellt das lebendige Gemälde „Zwingli's Abschied" von Ludwig Vogel gar schön dar.
[3]) Brief des Rathes an Landvogt Werdmüller in Locarno, vom gleichen Tage, im Staatsarchiv Zürich.
[4]) Brief im Staatsarchiv Zürich von 10 Uhr Vormittags des 10. Octobers.
[5]) Frei theilt am 10. October die Anordnung des Aufgebotes, Abends 7 Uhr desselben Tages schon den Aufbruch aus Wyl mit. Briefe im Staatsarchiv Zürich.
[6]) Brief des Landvogts im Ober- und Niederthurgau, Philipp Brunner von Glarus. Bei den Thurgauern war auch das Fähnlein der Stadt Stein a. Rh. unter Anton Etzweiler. Dass auch diese schon in der Nähe Winterthurs von der Niederlage Kenntniss erhielten, sagt Ziegler, Geschichte der Stadt Stein a. Rh. p. 74.

bruch des Panners geschrieben, bezeichnend sagt und beifügt: „Diese elende und klägliche Botschaft haben wir Dir unangezeigt nicht lassen können, wiewohl wir Dir lieber bessere zu wissen gefügt hätten — jedoch so will's vielleicht Gott also haben." Man that das Möglichste und mahnte Frei nochmals dringend zum Zuzug.[1])

Bald nach Mittag begann das Treffen, während die zürcherischen Hülfsvölker noch ferne standen[2]) und selbst von der eignen Landschaft nur noch die näher gelegenen Bezirke in hastiger Eile, theilweise erst während des Treffens und unvollständig nach Cappel gelangen konnten. Das Alles wusste der Rath in Zürich und hörte doch anderseits gegen Abend andauerndes und starkes Schiessen von Cappel her.[3]) Es musste also Göldli gegen seine Instruction sich in ein Treffen eingelassen haben, so dass der Rath in einer dringenden Mahnung[4]) an die Thurgauer die „Besorgniss" äussern muss, die Ihrigen seien angegriffen worden; gleich darauf, mit einbrechender Nacht, langte die Kunde von der Niederlage in Zürich ein.

Der rasche Schlag der V Orte gegen Göldli hatte die mühsame Organisation und Vereinbarung von Zürich mit Bern überholt. Ihre Absicht, die Zürcher anzugreifen „bevor sie gänzlich versammelt wären"[5]), wurde durch deren Nöthigung, auf Bern zu warten, erleichtert und durch das übereilte, auftragswidrige Eingehen Göldli's auf den angebotenen Kampf vollends ermöglicht.[6]) Wie daher der Rath in einem Briefe vom 13. October einerseits Göldli's „Säumniss und Unsorge" tadelt, so instruierte er anderseits am selben Tage seine Abgeordneten dahin, den Bernern über die ihrerseits veranlassten Nachtheile Vorstellungen zu machen. Die ursprüngliche Zürcherpolitik offensiven Vorgehens erschien durch die Lehre der Niederlage gerechtfertigt, die Bernerpolitik der Defensive widerlegt. Die bezügliche Instruction[7]) lautet: „Und diewil sie, die Berner, uns allweg gebeten, die V Orte auf ihrem Erdreich nicht anzugreifen, sondern ihres Angriffs zu erwarten, habe sich Zürich, trotz Ursache zur Trennung, nicht von ihnen, den Bernern, sondern wollen, vielmehr zu ihrem besondern Gefallen,

---

[1]) Briefe im Staatsarchiv Zürich.

[2]) Frei und die Toggenburger konnten Rapperswil noch nicht erreicht haben; der Thurgau war erst im Aufbruch begriffen; die Stadt St.Gallen unter Christian Fridbold zog erst um 3 Uhr Nachmittag aus, als in Cappel das Treffen schon lange begonnen hatte (Kessler, Sabbatha, p. 383 b.). Im St.Gallischen Rheintal war ein Missiv des Hauptmanns Frei behufs Anordnung des Aufgebots erst angekommen (Brief Ulrich Stoll's, Verwesers der Herrschaft Rheintal, vom 12. Oct. im Staatsarchiv Zürich.)

[3]) Brief des Rathes an die Thurgauer vom „späten Abend" des 11. Oct. im Staatsarchiv Zürich.

[4]) Diese, vom „späten Abend" datiert, war wohl veranlasst durch die Nachricht Bleulers aus Richtersweil, dass die V Orte sich zu Cappel lagern und deshalb die Thurgauer nachzufertigen wären. Staatsarchiv Zürich.

[5]) Anschlag des Aufbruchs im Staatsarchiv Luzern.

[6]) Ott bezeichnet den Augriff der V Orte als „coup de main" im Unterschiede zu einer „bataille rangée".

[7]) „Betrachtung" etc. im Staatsarchiv Zürich.

wiewohl sehr ungern[1]), mit ihnen gemeinschaftlich die Proviantsperre an die Hand genommen und (in das Defensivverhalten) freundlich gewilliget. Daraus uns leider dieser Schaden! Die Berner sollen diesen Umstand also beherzigen, dass sie nämlich uns zu dieser Gefahr (der Defensive) und zu der Proviantsperre bewogen haben" u. s. w.

Die Gestaltung der differenten Interessen von Zürich und Bern und die dadurch hervorgerufene Spannung in's Einzelne zu verfolgen, liegt nicht in dem Rahmen unserer Arbeit. Auf das ganze Verhältniss jener Bundesgenossenschaft wirft das Protocoll[2]) einer geheimen Rathssitzung in Zürich vom 2. September vor der Schlacht hinlängliches Licht. In Gegenwart Zwingli's wurde damals nämlich beschlossen, den Burgerstädten den Verzug des Krieges lediglich als „eine französische Praktik" gegen Zürich darzustellen, dieses auf die ungelegene Herbstzeit aufzuziehen und den V Orten Zeit zu verschaffen; ferner soll denselben „heiter herausgesagt" werden, dass Zürich „des steifen Sinnes sei, sich fürder nicht mehr aufziehen und also tratzen und verachten zu lassen, sondern sofort aufzubrechen", und endlich wurde festgesetzt, das Manifest gegen die V Orte, ob Bern ja oder nein oder gar nicht antworte, nichtsdestominder von sich aus drucken zu lassen." Das letztere geschah auch wirklich am 9. September[3]) und der Wunsch auf Verschiebung aus Bern kam zu spät.[4]) Dass der Unwille in Zürich sich auch nachher nicht legte, zeigt eine verwundernde Beschwerde der Berner vom 25. September, dass Zürich ohne sie den Schiedboten geantwortet habe.[5]) Geheime Berichte über die Zustände von Stadt und Landschaft Bern[6]) erhöhten die Spannung, zumal unter den V Orten das Gerücht gieng, Bern werde sich mit ihnen in keinen Krieg einlassen, sondern Frieden halten.

---

[1]) Fast wörtlich wie der Abschied vom 15. Mai, s. p. 49, Note 4.
[2]) im Staatsarchiv Zürich.
[3]) Druckschrift in 11 pag. fol. im Staatsarchiv Zürich.
[4]) Brief im Staatsarchiv Zürich vom 11. September.
[5]) Brief im Staatsarchiv Zürich.
[6]) Als Beleg folge hier nur ein Stück des Briefes, den Rudolf Thumeisen, Johannes Bleuler und Werner Beyel, die zürcherischen Gesandten, von Bremgarten aus am 11. August an den geheimen Rath zu Zürich senden. Derselbe war die Antwort auf einen ausdrücklichen Befehl aus Zürich, auf die Berner Boten aufzumerken, ob insgeheim die Berner vielleicht in der Proviantsperre nachlassen wollen. Er lautet:

Der amtliche Auftrag der Berner Gesandten gehe dahin, die Sperre festzuhalten, ausser wenn die V Orte die gestellten Artikel annähmen. „Wol hand wir dennocht an gemelten botten, nemlich herren Petern am Hag vnnd Jacoben Wagner vertrůwter wys ermergkt, das es dise vergangene tag ruch by Inen zuo ist gangen. Dann ye ettlich der fürnemmeren vnder jnen hand wellen meynen, man habe der abstrickung der p ofland jnn crafft dess Landfridens keynen fuog; darwider aber sich dise zwen thüren männer, mittsampt ettlichen anndern guotten fründen, dermass so tapferlich gesetzt, dass nähiwärts ettlich der grossen hansen (es ist aber nit der alt seckelmeyster vnnd fänner Stürler) zuo jnen kommen vnnd sy vff aller trungenlichest mit betrüptem angstlichem gemütt gebetten hand: sy sollind jnen verzyhen vnnd die sach nummen nit wyter bringen. Das ist ouch eben zyt gsin; dann als vil als wir von disen botten vorstand, so wüsstend sy schon, wess ein frommen gemeynd zuo Bernn gesynnet was. Diser rüngen hand sy zwen vergangner wochen geben.

Man erkannte in Zürich immer deutlicher die Schwierigkeit einer Verbindung mit Bern und — namentlich Zwingli — hegte sichtbares Misstrauen in den Werth dieser Bundesgenossenschaft.[1]) Bezeichnend für die Eifersucht, mit welcher Bern seinerseits seine Oberherrlichkeit in den entscheidenden Tagen wahrte, ist es, dass der Obervogt der Grafschaft Lenzburg, Sulpicius Haller, die Räthe und Anschläge des Zürcherhauptmanns in Bremgarten zuerst seinen Herren in Bern vorlegen zu müssen erklärte, ehe er mit ihm gemeinsam gegen die in das Freiamt eingefallenen Luzerner vorgehen dürfe. Es lief diese Erklärung Hallers ganz einem frühern Verkommniss zwischen ihm und Göldli zuwider, sowie dem Versprechen Berns, wonach Zürich der Zuzug der bernischen Streitkräfte im Aargau unbedingt zugesagt worden war, wie einem entsprechenden Befehl an diese, auf Zürichs Mahnung hin dem Freiamte Hülfe zu leisten. Zürich beklagt sich deshalb in zwei Briefen vom 11. October in Bern und forderte, „dass man dem gemachten Abschied und Anschlag nachkomme."[2]) Dass somit die innere Schwierigkeit und das äussere Hemmniss, welche durch die Allianz einer auf allzu differenten Interessen beruhenden Politik veranlasst wurden, einen Hauptgrund für die Niederlage Zürichs bilden musste, liegt auf der Hand. Die beiden Städte giengen auch nachher, als ihre Heere, auf

---

Aber der Got, der die, so warlich jnn jn hoffend, nye verliess, hat die sach alle zuo gnotem zerleyt. Wiewol stül vnnd bönk gnuog jngeworffenn sind, hät es doch alles nützit verfangen, dann das die gerechtigkeyt gesiget hat. Sy hand ouch jr pratik by ettlichen vertrüwten fründen gemacht, als sy hand wellen herab rytten, ob es mittler zyt schwangken wölte, das sy handtlich sygind vnnd sy allweg by tag vnnd nacht berichtind, wie die sach stande, damit sy sich dest bas wissind vnnd handel zeschicken; desshalb die Red, so diser dingen halben an ü. w. gelanget, nit gar vss eym holen hafen kompt. Wie sy aber herab gen Läntzburg kommen, hand sy erfaren, das es eben arbeitseligclich gnuog an der Landsgemeynd daselbs zuogangen, wie es dann vornacher üch durch die schrifft, so üch der Hr. Commenthür von Hitzkilch zuogeschickt, ouch angezeigt ist, dass eyner hieussbin, der annder dört vssbin geschrüwen hat, wie es dann an sollichen gemeynden zuogadt. Gemeynden sind gemeynden. Doch sagend die botten, jr vnnser herren sollenf üch dess nit bekümbern; wenn es an ein träffen gang, so werdint sy thuon als biderw lüt. Doch ist denen schreyvöglen schon das Nest bereytet: wenn die sach angadt, so werdent die jnn frygen ämptern gan Brämgardten, vnnd die jnn Ländtsburger ampt jnns Schloss gan Läntzburg zuo Loch faren, vnnd villicht jnen ettwa vil zyt keyn Rad über die beyn gan. Das wellent jr vnnser herren üch jnn grosser heymlichkeyt behalten, jnn wellicher es vnns ouch vertrüwt, dann es der heymlichisten anschlegen eyner ist." Brief im Staatsarchiv Zürich.

[1]) Brief im Staatsarchiv Zürich vom 7. October an die nach Bern geschickten zürcherischen Abgeordneten, deren einer, der Stadtschreiber Beyel, auf der Adresse bemerkt, es sei diess der Brief, „der uns gen Bern nachkam, als Zwingli meinte, wir würden den Frieden zu bald machen".

[2]) Briefe im Staatsarchiv Zürich. Die Vollmacht Berns an seine aargauischen Truppen in einem Missive vom 3. August: „Dessglichen, ob sy (die V Orte) vff das wackenthal angriffen werden vnd jr von vnsern Eydgnossen vnd Christenlichen mitburger von Zürich gmandt, alldann jnen trostlichen zuzien vnd vns jlends des berichten; vnd Bromgarten vnd mellingen halb .... sollend jr jnen hillflich sin vnd nit verlassen, dann wir jnen söllichs zuogesagt hand ....". Staatsarchiv Bern.

30,000 Mann geschätzt, vereinigt vorrückten, nicht recht zusammen, um so weniger, als der Berner Hauptmann Diessbach wie Göldli der Opposition angehörte und wie dieser seine Vaterstadt später verlassen musste. Die weitere Geschichte des zweiten Cappelerkrieges bietet deshalb das Bild kläglicher Zerfahrenheit und lohnt sich kaum einer ausführlichen Darstellung.[1]) Mit der Schlacht von Cappel war das Schicksal der Reformation im Wesentlichen entschieden.

III. Zürichs Kriegsplan und Kriegsführung.

Ueber diese allgemeine militärische Frage verdanke ich Herrn Oberst Rothpletz in Aarau folgende hier wörtlich wiedergegebene Aufschlüsse, die jedoch, wie es wirklich der Fall ist, voraussetzen, dass die Instruction des Zürcher Rathes an Hauptmann Göldli als Commandant der Vorhut nicht mehr vollständig vorhanden ist.

„Sie führen zu wiederholten Malen den wichtigen und auch für mich entscheidenden Satz der Instruction an, laut welchem Göldli sich gegen Uebermacht nicht in ein ernstes Gefecht einlassen sollte, also den Befehl hatte, einem Kampfe bis zum Eintreffen des Panners auszuweichen, und haben Sie vollkommen Recht, diesen Satz zu betonen.

Ich fasse die Sache so auf: Der Rath von Zürich wollte die relativ schwache Vorhut keiner Schlappe aussetzen, die Vorhut sollte den Ausgang des Albisdefilé decken, damit die Hauptmacht sich ungestört jenseits des Albis gegen Cappel zu entwickeln konnte. Die Vorhut hatte ausserdem den Zweck einer gewaltsamen Recognoscirung der feindlichen Streitkräfte und somit die Aufgabe, den Feind zur Vorsicht in seinem Marsch zu zwingen, diesen also zu verzögern und so die nothwendige Zeit zu gewinnen, damit die von allen Seiten anrückenden Contingente sich zu einem ansehnlichen Heere sammeln konnten.

Der so characterisirte Auftrag gehört zu den schwersten und — im Falle des Erfolges — zu den dankbarsten militärischen Aufgaben. Göldli hat diese Aufgabe nicht gut und nicht glücklich gelöst und da erfordert es die unparteiische Geschichtschreibung, dass wir uns genau umsehen, ob Göldli sich auf andere Instructionssätze berufen konnte.

Ich nehme zwar mit Ihnen an, dass der angeführte Passus der Instruction den Hauptinhalt derselben bildete. Ja noch mehr, mit diesem Satze erhielt Göldli alle nur wünschbare Freiheit für sein Handeln, möge der weitere Inhalt der Instruction gelautet haben, wie dem wolle. Aber gerade dieser wichtige, militärisch so richtig gehaltene Befehl kann wieder von anderen bestimmten Befehlen umgeben gewesen sein, die dem Wortlaute nach die Freiheit des Handelns beschränkten, und auf die sich ein geschlagener Führer immer berufen würde.

---

[1]) Die Acten haben wir sämmtlich durchgangen. Das Gefecht auf dem Gubel ist aus den angeführten Gründen von untergeordneter historischer Bedeutung.

Es wird von Ihnen selbst (pag. 23) angeführt, dass Zürich im Kriegsfall in Cappel wider den Canton Zug die Grenze besetzen musste und dass am 8. October bereits ein Beobachtungsposten von 300 Zürchern in Cappel lag.

So wäre es denkbar, ja glaubwürdig, dass der Rath Göldli den Befehl gab, an einen gewissen Ort, z. B. „nach Cappel" oder „an die Gränze" zu marschieren, beziehungsweise „einen Terrainabschnitt bis zum Eintreffen des Panners zu halten", „den Posten in Cappel zu stützen" etc. etc.

Sie werden mir nun zugeben, dass die feste Bestimmung eines Rendezvous, die Bezeichnung eines Schlachtfeldes von Seiten des Rathes nicht ganz zu dem oben angeführten Satze, der Göldli zur Vorsicht mahnt und ihm freie Hand gibt, passt. Die Zeugenaussage des Füssli scheint meine Annahme zu bestätigen, dass die Instruction die Vorhut direct nach Cappel instradirte.

Ich mache Sie dabei aufmerksam, dass es sehr schwer ist, klare und richtige militärische Befehle zu geben und dass namentlich, wenn eine Behörde Befehle ertheilt, diese sehr oft in kritischen Momenten, wenn sie der Sache selber nicht ganz traut, die Befehle zweideutig gibt um die Verantwortlichkeit von sich abzuwälzen.

Ein solch kritischer Moment lag hier vor. Die ganze strategische Kriegführung der reformirten Kantone war ebenso kläglich, wie der Kriegsplan der V Orte den wahren kriegerischen Geist beurkundet.

Die V Orte sammelten rasch ihre ganze Kriegsmacht, durchbrachen den schwachen Cordon, der ihr Land umgab, überraschten und schlugen den Feind, bevor er seine Macht gesammelt hatte.

Auf der anderen Seite kommt der Zürcher Rath — wie denn der erste Fehler in der Anlage eines Feldzuges immer neue Fehler nach sich zieht — dem Wunsche des Feindes entgegen und sendet successive die Vorhut und dann das schwache Panner auf einen Punct der Grünze vor den Feind, auf welchem die Zuzüge niemals rechtzeitig eintreffen konnten, nachdem der Feind mit solcher Energie die Initiative ergriffen hatte.

Das war eben damals wie heute der Fluch des Cordonsystems. Wir wollen überall wehren und sind deshalb einem energischen Gegner gegenüber überall zu schwach. Aber da wir den Durchbruch des Cordons als Umgehung fürchten, lassen wir uns verleiten, jedem Versuche dazu entgegen zu treten, und da diess nur mit unzureichenden Mitteln und zu spät gegen den concentrirten Feind geschehen kann, so bieten wir selbst dem Feinde die Gelegenheit zu einem, wie hier, glänzenden Theilsieg über einen der bedeutendsten Bundesgenossen.

Die Reserven für die Beobachtungsposten waren nicht besammelt, bei der blühenden Undisciplin der alten Eidgenossen konnte kein Heer längere Zeit unthätig beisammen behalten werden.

Die Contingente von Bern, Basel, Thurgau etc. etc. mussten im Kriegsfall erst gemahnt werden, sie mussten sich sammeln und einen mehrtägigen Marsch ausführen, um zum gemeinsamen Handeln sich zu vereinigen. Nun sind aber die Distanzen für die Meldungen und für die Märsche aller dieser Zuzüge weit bedeutender als für die Besammlung der Hauptmacht der V Orte. Zudem war bei den Reformirten das Kundschaftswesen so mangelhaft eingerichtet, dass die ernste Rüstung der Katholischen erst den 8. October in Zürich signalisirt wurde, und so ergieng erst in dem Momente, in dem die Kriegsmacht der V Orte schlagfertig zum Vormarsch bereit war, das Aufgebot an die reformirten Stände.

Der Rath Berns, die Initiative den Katholischen zu überlassen, war somit schon aus Gründen des Raumes und der Distanzen ein sehr übler. Wollte man ihm folgen, ohne zu viel auf das Spiel zu setzen, so wären drei Dinge nöthig gewesen.

1. Die Beobachtungsposten hatten an den Defiléausgängen Schanzen anzulegen (z. B. auf Scheuren oder am Münchbühl etc.).

2. Der Kundschaftsdienst war genau zu organisieren, um jede Rüstung sofort zu erfahren. Es war diess bei den gegenseitigen Relationen der vielen Familien unschwer einzurichten.

3. Das Rendezvous, der Vereinigungspunct der Contingente der reformierten Stände war nicht vorwärts an die Grenze, sondern weiter rückwärts zu verlegen, damit die Länge des feindlichen Vormarsches mit der zur Besammlung und Organisation des reformirten Heeres nothwendigen Zeit in Uebereinstimmung gebracht war. Auch dies war unschwer zu bewerkstelligen, da die Städte sämmtlich sturmfrei waren.

Wir sehen nun von alle dem gerade das Gegentheil geschehen: Die Rüstung des Feindes wird zu spät erkannt und anfänglich unterschätzt. Am Albis oder bei Cappel sind keine Schanzen bereit, was doch für die 300 dort „Kurzweil" treibenden Mann keine zu schwere Sache gewesen wäre. Der Concentrationspunct der successive eintreffenden Streitkräfte wurde viel zu nah, so zu sagen unter die Augen des Feindes verlegt und diesem so die Gelegenheit geboten, das schwache Heer der Zürcher mit Uebermacht zu schlagen.

Es ist nun wohl ersichtlich, dass die Instruction des Rathes an Güldli, sich mit dem Feinde nicht zu tief einzulassen, mit dessen Entsendung nach Cappel nicht ganz harmoniert und der befohlene Vormarsch an die Gränze mit den hieran sich knüpfenden Folgen in Zusammenhang steht, da bei energischem Vordrängen des Feindes ein Kampf schwer vermeidlich war.

Ich finde desshalb, die Gründe des Verlustes der Campagne sind vorab zu suchen:

1. In der fehlerhaften Politik des Zuwartens der reformierten Stände nach dem Rathe Berns.

2. In dem fehlerhaften strategischen Aufmarsch der Contingente nach erfolgtem Einfall des Feindes.

3. In dem übereilten Vorwerfen zu schwacher und ungenügender Streitkräfte zur Deckung der Gränze bei Cappel.

4. In der fehlerhaften Führung der Vorhut entgegen der Instruction des Rathes.

Beilage.

Die Kunde von der Schlacht.

Die erste Kunde von dem Zusammentreffen der beiden Heere zu Cappel erhielt der zürcherische Schaffner zu Wädensweil. Ein besonderer Bote brachte ihm sofort die Nachricht von dem Anmarsch der Feinde gegen Cappel. Diess konnte das zürcherische Fähnlein unter Bleuler zu Richtersweil schon um die vierte Stunde des Nachmittags nach Zürich melden.[1]

Das starke und anhaltende Schiessen verkündete weit herum, auch in Zürich, den Beginn der Schlacht.[2] Das Geschrei von der Niederlage traf beim Lichteranzünden in Zürich ein und bald nachher, als es dunkel geworden, folgten die ersten Verwundeten. Den Schrecken in der Stadt schildert uns Salat ausführlich.[3] Etwa um dieselbe Zeit wusste das Zürcherfähnlein in Bremgarten von dem Unfall[4] und nicht viel später die Stadt Luzern durch einen Fussboten von dem Siege der Ihrigen.[5] Um Mitternacht schreibt auch Bleuler bei dem Zürcherfähnlein auf dem Richtersweiler Berg von der Niederlage in die Stadt.[6] Am gleichen Tage sandten die V Orte Nachricht an Glarus, dessen Rath dem Landvogt Aegidius Tschudi zu Sargans Mittheilung machte.[7] Die um Winterthur liegenden Thurgauer wurden durch Boten aus Zürich berichtet und zum Nachzug gemahnt.[8]

Wohl durch den Boten, der in der Nacht auf den Donnerstag gen Bern eilte, erfuhren die zürcherischen Räthe in Mellingen und die bernerischen Truppen in Lenzburg[9] von dem Ausgange der Schlacht und Bern richtete noch am Abend des Donnerstag eine Beileidsbezeugung nach Zürich.[10] Es erfolgten an diesem Tage die brieflichen Bestätigungen aus dem Lager zu Cappel nach Luzern, in die Höfe und nach Einsiedeln, vom Albis um 3 Uhr Morgens und um 7 Uhr Abends

---

[1] Brief des Staatsarchivs Zürich.
[2] Brief des Rathes ib. Bull. III, 119.
[3] Vergl. Thomas Platter, den Augenzeugen, vita p. 297. Salat p. 313.
[4] Hauptmann Werdmüllers Brief von dieser Zeit, im Staatsarchiv Zürich.
[5] Der Brief von Cappel am 12. Oct. beruft sich auf die vorherige mündliche Mittheilung. Ein Zusatz des Stadtschreibers Cysat nennt den Boten Ostertag. Brief im Cantonsarchiv Luzern.
[6] Brief im Staatsarchiv Zürich.
[7] Vogel, Egidius Tschudi p. 32.
[8] Ziegler, Geschichte der Stadt Stein a. Rh. p. 74.
[9] Auffallend mag erscheinen, dass die Berner Hauptleute erst am Freitag Abend ein Beileidsschreiben nach Zürich richten.
[10] Briefe im Staatsarchiv Zürich.

(der amtliche Bericht Göldli's) nach Zürich. Noch am gleichen Tage mochten die Gerüchte nach Basel gedrungen sein, woher von Burgermeister und Rath gegen Mittag des 13. Octobers nach Zürich die Kunde abgeht, „es gehe ein gross Geschrei, wie ihr übel gelitten, Geschütz und Zeichen verloren, da wir zu Gott hoffen, es sei nicht also ergangen." Diese Gerüchte hatten hauptsächlich die V Orte „weit hinaus verkündet". In das Toggenburg kam in der Nacht auf den 13. ein Bote von Uznach mit der Nachricht und der Mahnung zum Zuzuge weiterer Mannschaft.[1])

St. Gallen wurde am 13. October durch seinen Hauptmann Christian Fridbold benachrichtigt[2]), Diessenhofen durch seine ausgezogene Mannschaft von Zürich aus.[3]) Bis zum 13. October Abends, 48 Stunden nach der Schlacht, mochte daher wohl ziemlich die ganze Schweiz von dem Ausgange des Treffens unterrichtet sein.

Schnell gieng die Kunde von beiden Parteien aus, namentlich von den V Orten, nach Deutschland.[4]) Der Bote von Diessenhofen musste am 14. October im Auftrage des Herrn von Höhwen den Bericht der Niederlage mit einigen genaueren Angaben an die Verwalter zu Hohentwiel überbringen, wohin auch der Rath von Diessenhofen die ihm von seiner Mannschaft zugelangte Nachricht schickte.[5]) Wenige Tage später erhielt der Herzog Ulrich von Württemberg den Bericht.

Vom 17. October ist uns eine „Zeitung, dass die V päpstischen Orte den andern Eidgenossen ettlich tausend Mann erschlagen", erhalten, von unbekanntem Verfasser nach Süddeutschland gesandt; ein Brief des Ritters Max von Ebenstein an seinen „Herrn und Vater", von unbekanntem Datum, ist ebenfalls von fünfortischer Parteistellung. Ritter Merk Sittich von Hohenems erhielt am 18. October durch die Hauptleute der V Orte Kenntniss; an Landgraf Philipp von Hessen sandte Herzog Ulrich von Württemberg am 21. October den Hohentwieler Bericht. Die Nachricht, die der Bischof Hugo von Constanz am 20. October mündlich über die zürcherischen Verluste erhalten hatte, theilte er unter Beifügung der Liste der Gefallenen und Verwundeten von Meersburg aus dem Rathe von Ueberlingen mit, von wo aus am 22. October Ritter Reichlin von Meldeckh den kaiserlichen Vicestatthalter und Regenten von Württemberg Nachricht gab, die durch Ritter Albrecht Völker von Knöringen am 26. October bereits Mittheilung von dem Siege am Gubel erhielten.[6]) Auch an Herzog Georg von Sachsen sandte am 23. October Christoph Scheurl, Doctor der Rechte

---

[1]) Wegelin, Geschichte der Landschaft Toggenburg.
[2]) Brief Fridbolds an Vadian bei Scherer, St. G. Hdschr.
[3]) Beileidsschreiben des Rathes v. 13. Oct. Abends 7 Uhr im Staatsarchiv Zürich.
[4]) Vergl. den Basler Brief vom 13. October.
[5]) Die Bemerkung auf dem Briefe „überschickt Samstag nach Dionysius" (14. Oct.) stammt wohl vom Rathe zu Diessenhofen. Der Brief im Staatsarchiv Stuttgart.
[6]) Sämmtliche Briefe im Staatsarchiv Stuttgart.

zu Nürnberg Bericht über die Cappeler Schlacht.¹) Vom gleichen Tage ist bereits eine päpstliche Gratulation an die V Orte aus Rom datiert²), sowie ein Brief der Strassburger Kriegsverordneten an den Landgrafen von Hessen.³) Ungefähr aus derselben Zeit mag ein längerer Bericht über die Cappeler Schlacht, wahrscheinlich von einem fünfortischen Priester nach Waldshut geschrieben, stammen, der vielleicht schon Ende October in jetzt württembergischen Ländern, etwa zu Ehingen, Rotwil u. s. w. circulierte.⁴)

Lange fehlte dagegen Kunde von den näheren Umständen des zürcherischen Verlustes. Nur einige der hauptsächlichsten Gefallenen, Zwingli in allen Berichten, werden schon frühe genannt. Die Verwalter zu Hohentwiel gaben sich alle Mühe, zu Handen Herzog Ulrichs Näheres zu erforschen, müssen aber noch am 20. November bemerken: „Man geht zu beiden Theilen noch so still mit der Sache um, dass Niemand etwas davon sagen will."⁵) Aehnlich beklagt sich die zeitgenössische Beschreibung des Johannes von Hinwyl, über den Verlust der V Orte nichts Sicheres zu wissen.

Besonders still verhielt sich Zürich. Nach aussen wurde wenig Redens von der Niederlage gemacht, und nur ein näherer Bericht vom Rathe ist uns erhalten, der dem Rathe von Basel auf seine ausdrückliche Bitte ausgefertigt wurde.⁶) In den übrigen Correspondenzen wird immer nur von dem „Unfall" gesprochen, der bald wieder gut gemacht sein werde. Diese Haltung Zürichs ist eine männliche, wenn wir bedenken, dass am Tage nach der Schlacht dem Heere zugeschrieben werden musste, man habe leider kein Geschütz mehr zur Verfügung: Gott wollte, dass wir viel hätten!⁷)

Dass der Unwille der Landschaft auf die Kunde von der Niederlage sich gegen die Stadt richtete, zeigen die Zugeständnisse, die gemacht werden mussten.⁸) Besonderer Erbitterung waren die Geistlichen als die Urheber der ganzen Bewegung ausgesetzt.⁹) Beide Parteien gedachten der Cappeler Schlacht in ihren Liedern, die Zürcher in bussfertigem Vertrauen auf die göttliche Gnade, die V Orte in ausgelassener Freude, besonders über Zwingli's Tod.¹⁰)

---

¹) Brief 10,695, Nr. 21 der Zeitungen, im Staatsarchiv Dresden.
²) Brief im Staatsarchiv Luzern.
³) Brief des Staatsarchivs Marburg, vergl. Rommel, Geschichte von Hessen, Bd. IV, p. 54 Anmerkung.
⁴) Im Staatsarchiv Stuttgart. Die Vermuthung ist von einem alten Archivar auf der Aussenseite des Briefes beigefügt.
⁵) Brief im Staatsarchiv Stuttgart.
⁶) Im Staatsarchiv Basel. Ein Auszug aus demselben, von Basel nach Strassburg gesandt, ebenfalls in Basel. Der Wunsch des Rathes in seinem Beileidsbriefe vom 13. Oct. wegen der übertriebenen Gerüchte, im Staatsarchiv Zürich.
⁷) Brief im Staatsarchiv Zürich.
⁸) Vergl. hierüber Bull. III, 284.
⁹) Vergl. ausser Bullinger Joh. Jud, vita Leonis Judae. Kessler, Sabb. p. 383 b.
¹⁰) Die Lieder bei v. Liliencron, die histor. Volkslieder d. Deutschen Nr. 427 bis 433. Drei weitere reformierte Lieder, gedruckt in 12⁰, Anfang und Schluss unvollständig, im Staatsarchiv Luzern Bl. 182—185.

D. KRIEGSRODDEL.[1]

I. Zürich.[2]

1. † Aegeri, Konrad von, Z., des gr. R., B. Mit ihm ist das Geschlecht der Edlen von Aegeri wohl erloschen. Stadlin, Geschichte von Aegeri etc. p. 280.
2. † Aepli, Joachim, Dübendorf,
3. †   „   Heinrich,   „
4. †   „   Felix, Maur.
5. †   „   Joachim, Aesch.
6. † Altdorfer, Othmar, Birchwyl, mit
7. † einem Dienstknecht.
8. † Ammann, Hans. Z. B. b. l.
9. †   „   Anderes, Erlenbach.
10. †   „   Uli,   „
11. †   „   Wernli,   „
12.   „   Jakob,   „   V., ärgert sich über die Flucht der Hauptleute.
13. Andress, Wollishofen. V.
14. † Anthoni N., Schweinhirt des Klosters Cappel.
15. † Appenzeller, Heini, Wipkingen.
16. † Arnold, Hans, Kilchberg.
17. † Arter, Hans,   „
18. †   „   Hans, Ebertsweil. V., vergl. p. 40.
19. Asper, Klaus, Z., V., Zeuge zu Gunsten Göldli's.
20. Asper, Hans, Z., V., ebenso.
21. † Attinger, Rüggs, Dübendorf.
22.   „   Hans,   „
23. † Bäggli, Jakob, Weber, Z., B. b. l.
24. † Bär, Rüdi, Riffersweil.
25. †   „   Heini, Mettmenstetten.
26. † Bärnhuser, Jakob, genannt Weissgerwer, Z., des gr. R., B. b. l.
27. † Balthasar, Schweikhof-Hausen.
28. † Banwart, Hans, Hinwyl.
29. † Baumann, Jakob, Grüningen, V., vergl. p. 31, 36, 44.
30. † Baumgarter, Ruotsch, Küssnach.
31. †   „   Hans, Uetikon.
32. †   „   Lienhart, Wipkingen.
33. †   „   Hartmann,   „
34. † Benzinauer, Bernhard, Schneider, Z., B. b. l.
35. † Berger, Jakob, Z., B. b. l., Sohn des Seckelmeisters Georg Berger (früher Heerführer in Italien, dann 1529 bei Cappel, wie 1531 sein Schwager Rud. Lavater, Oberhauptmann der Zürcher. Neujahrsbl. d. Waisenh. 1864 p. 12).
36. † Berger, Hans, Mettmenstetten.
37. † Bertschi, Hans, Schuhmacher, Z., B. b. l.
38. † Bertschinger, Hans, Dübendorf.
39. † Biber, Heini, Horgen.
40. † Bickel, Felix, V.
41. †   „   Jakob, V.
42. † Bidermann, Bernhart, Thalweil.
43. †   „   Simon,   „

---

[1]) D. i. Verzeichniss aller Schlachttheilnehmer, deren Namen in den Quellen uns erhalten sind, mit beigefügten biographischen Notizen, wo solche erhältlich waren.
[2]) Z. bezeichnet Stadtbürger. „Des gr. R." = des grossen Raths. „Des kl. R." = des kleinen Raths. — Ueber die gefallenen Stadtbürger liegen uns drei Roddel vor, Bullinger III, 142 ff. und je ein Verzeichniss der Archive Bern und Luzern. Diese Roddel sind durch die Buchstaben B. b. und l. unterschieden. — Theilnehmer an der Schlacht, die mit dem Leben davonkamen, sind meist in den Verhöracten vom Göldliprocess zu finden; diese Quelle wird mit V. bezeichnet. Alle übrigen Citate sind ausgeführt. — Die Gefallenen sind mit † bezeichnet. — Wo bei einem Namen keine Quelle angeführt ist, ist das Verzeichniss von Bullinger gemeint.

44. † Billiter, Herr Niclaus, Caplan, Zollikon.
45. † Binder, Kaspar, Winterthur.
46. † Bleuler, Jakob, Zollikon.
47. †   „   Heini,   „
48. † Bluntschli, Meister Fridli, Z., des kl. R., der Räthen von der Meisenzunft. B. b. l. Golder.
49. † Bluntschli, ?, V., vergl. p. 44.
50. † Bog, Uli, Kilchberg.
51. † Bolier, Uli, Horgen.
52. † Boller, Rudi, Gossau, Untervogt u. Fähndrich des Amtes Grüningen.
53. † Boller, Hans,   Egg.
54. †   „   Lamprecht,   „
55. †   „   Jakob,   „
56. † Bollinger, Hans, Stäfa.
57.   Bos, Heinrich, Ober-Illnau, V.
58. † Bosshard, Sebastian, Bärentsweil.
59. † Boxhorn, Hans, V., vergl. p. 31.
60. † Brätscher, Hans, Embrach.
61.   Brandenberger, Hans, V., vergl. p. 31.
62. † Brasler, Conrad, Wildberg.
63. † Breitinger, Rudolf, Zollikon.
64. † Breugnauer, Hans, zubenannt Dörpel.
65. † Brendli, Hans, Thalweil.
66.   „   Vogt,   „   V., im Kriegsrath vom 10. Oct.
67.   Brennwald, Jos, Z., Bull. 128.
68.   Brid, Hans, Ossingen, ein Jüngling, trägt dem Büchsenhauptmann Füssli auf der Flucht den Harnisch über den Albis. Füssli fol. 6.
69. † Brogli, Ulrich, Baumeister im Spital, Z., B. b. l.
70.   Bruder, Vogt, Hausen, im Kriegsrathe vom 10. Oct. Beim Anrücken der Feinde von Wilhelm Töning zur Kundschaft gesandt, sieht er den Vogt Stocker mit etwa 500 Mann gegen das Holz anrücken und räth noch zum Rückzug auf den Münchbühl. V., vergl. 24, 37 und Hubers Depos. im Anhange.
71. † Brüwyler, Jakob,   Z., B.
72. †   „   Junghans, „ „
73. † Bruggbach, Welti, Küssnach.
74. † Brunner, Heini, Zollikon.
75. †   „   Konrad,   „
76. † Bucher, Hans, Kilchberg.
77. †   „ Konrad, Oberwinterthur.
78.   „ Rudolf, Z., Wirth z. Storchen, Knecht Göldli's, vergl. p. 30.
79. † Buchmann, Oswald, Rifferswil.
80. †   „   Herr Hans, ehemaliger Predigermönch, aus Zürich.
81. † Bücheler, Konrad, Kloten.
82. † Bülcr, Jakob, Z., B.
83. † Büler, Othmar, Trommelschläger, Z., B. b. l.
84. † Büler, Rudi, ab Rupertsmatt-Uetlkon.
85. † Büler, Hans, Horgen.
86. †   „   Peter, Egg.
87. † Bülmann, Ulrich, Weber, Z., des gr. R., B. (in b. und l. heisst er Hans).
88. † Bünzli, Andreas, Uster.
89. † Bürgi, Hans, Ober-Meilen.
90. † Bürkli, Hans, genannt Krämer, am Grund-Meilen.
91. † Buri, Junghans, Höngg.
92. † Burgi, Hans, Dienstknecht, Sulzbach.
93. † Burkhart, Lienhart, Pfister, Z., B. b. l. Seine Frage an Zwingli vor dem Angriff s. Bull. III, 137. Tschudi p. 192.
94. † Burkhart, Bürgi, Wipkingen.
95. † Chuosen, Meister Jos v., Z., des kl. R., Schützenfähndrich, von der Meisenzunft, B. b. l. Bei seinem Panner erschlagen, Bull. III, 158.
96. † Cläwy, Heinrich, Winterthur.
97. † Dänniker, Hans, Z., des gr. R., Karrerhauptmann, B. b. l.
98.   Denzler, Uli, Müller (Kessl. Sabb. 382 b), von Nänikon, Nachkomme eines der treuen Vertheidiger von Greifensee (1444), hielt sich an der Seite Junker Eschers, Vogt von Greifensee, in der Schlacht sehr tapfer und half auf der Flucht das Panner retten, das er auf dem Albis an Göldli übergab. Bull. III, 131 ff. vergl. p. 40. Die Schenkung des „Pannergütleins" dat. Samstag nach Auffahrt 1532 ib. 133 f. Von Denzler hat Bullinger mündliche Auskunft über die Rettung des Panners, ib. Vergl. Tschudi p. 194.
99. † Dietschi, Rudolf, Wipkingen.
100. †   „   Bertschi, Uster, Schwiegervater des ebenfalls gefallenen Hans Senn.
101. † Dietschi, Rudolf, Medikon.
102. † Doggwyler, Rüdi, Bonstetten.
103. † Dolder, Albrecht, Kirchgass-Meilen.
104. †   „   Jakob,   „
105. † Dubs, Jakob, Affoltern.
106. † Dubenmann, Balthasar, Z., B. b. l.
107. † Düggeli, Hans,   Küssnach.
108. †   „   Jakob,   „
109. †   „   Heinrich,   „
110. † Dugginer, Uli, Riespach.

111. Eggli, Conrad, V., einer von denen, die das Buchwäldchen besetzen wollen, vergl. p. 31, 41.
112. † Egli, Hans, Schneider von Bülach, dient zu Zürich.
113. † Eigenmeister, Hans, Z., B. b.
114. Enderli, Konrad, V.
115. † Engel, Konrad, Z., wohl derselbe mit „M. Bleulers Knecht" B., da er in b. als Konrad Harnascher, in L einfach als Harnascher bezeichnet ist.
116. † Engelhart, Herr Niklaus, Chorherr, Embrach.
117. † Engler, Konrad, Klosterknecht zu Cappel.
118. † Erb, Andreas, Oberwinterthur.
119. † Ernst, Bartholomäus, zubenannt Dachelmann, Zollikon.
120. † Escher, Junker Heinrich, Z., des gr. R., Vogt zu Greifensee, Spiessenhauptmann zur Panner. B. b. l. Beim Aufmarsch der V Orte in der Hauptleutenversammlung um Zwingli. V.
121. † Etter, Heinrich, Embrach.
122. † Fäsi, Ultz, Embrach.
123. † Falck, Matthias, Schuhmacher, Z., B. b. l.
124. † Falck, Hans, Gerwer, Gossau.
125. † Fehr, Hans, Oberglatt.
126. † Fenner, Gallus, Küssnach.
127. † Fiez, Jakob, Küssnach.
128. † Fischer, Heini, Stallikon.
129. † „ Hans, Bietenholz.
130. „ Hans, Ebertsweil. V., vergl. p. 31, 45, 46.
131. Fischer, Peter, Cappel } V., erzählen
132. „ Peter, Törlen } von den verrätherischen Zeichen Göldli's, vergl. p. 30.
133. † Flück, Uli, Küssnach.
134. Fogler, Andreas. V., vergl. p. 41, wie es scheint ein anderer als der Hauptmann Vogler (s. d.).
135. Foiler, Rüdi, Riffersweil. V., räth zum Fällen des Buchwäldli, vergl. p. 31.
136. † Forster, Felix, Thalweil.
137. † Foyger, Peter, Riffersweil.
138. Frank, Simon. V., vergl. p. 41, 46.
139. † Frei, Hans, Seiler, Z., des gr. R., B. b. l.
140. † Frei, Niklaus, Z., Ammann zum Fraumünster.
141. Frei, Stoffel, Z., B.
142. † „ Andreas, zubenannt Rebmann, Sulzbach.
143. † Frei, Hensi, Dietlikon.
144. † Freitag, Heinrich, Riespach.
145. Frick, Heini, Heisch, V.
146. † „ Thoman, Hausen.
147. † „ Hans, Hausen.
148. † Fridli, Martin, Riffersweil.
149. „ Gorius, V., für Fällen des Buchwäldchens. Zeuge für verrätherische Zeichen Göldli's, vergl. p. 30, 31.
150. † Friesenberger, Kaspar, Wiedikon-Enge.
151. † Fuchs, Herr Wilhelm, Caplan, Uster.
152. † Fürst, Pauli, Basserstorf.
153. „ Conrad, V., begehrt vergeblich Besetzung, dann Fällen des Buchwäldchens, vergl. p. 31.
154. Füssli, Peter (III), geb. 1482, Bruder des Zeugherrn (seit 1516) Hans Füssli (geb. 1477), des fleissigen und geschickten Glocken- und Stückgiessers und eifrigen Vertheidigers der Reformation (Druckschrift 1524), Sohn des Stückgiessers Peter Füssli II. (Dieser und sein Sohn Hans gossen von 1528 bis 1533 an grossen und kleinen Stücken 162, im Gewicht von 402 Centnern und 98 Pfd. für die Stadt. Mörikofer, Zwingli p. 391). — Peter III war der Reformation nicht zugethan (s. seine Schlachtbeschreibung und eine Bemerkung im Manuscript A. 61 der Stadtbibliothek Zürich: vir ipsis tum etiam adversariis honoratus et acceptus), zog aber doch als Büchsenhauptmann an die Schlacht mit und hielt sich redlich; „denn es traf ihm das Vaterland an". — Seine Kriegstüchtigkeit bewies er in italienischen Feldzügen. Maximilian, Herzog von Mailand, sendet ihm ein Schreiben, dat. 14. Juni 1514, das ihn über 400 statt 300 Knechte setzt, ihm mehr Besoldung gewährt und Avancement in Aussicht stellt. Im folgenden Jahre diente er als Hauptmann in der Schlacht von Marignano, in welcher er in den einen Schenkel einen Büchsenstein erhielt, den er zeitlebens trug, und 1521 mit Kaspar Göldli und Hans Rudolf Lavater bei Papst Leo X. 1523 unternahm er wie sein Grossvater eine Reise nach Jerusalem, die er beschrieb. Ein Portrait Füssli's ist noch vorhanden (s. die Tafel von J. J. Oeri b. Nüscheler). Die Schlachtbeschreibung ist ab-

gedruckt im Anhange und in der Kritik der Quellen besprochen. Seine politisch-religiöse Stellung machte ihn zum Abgeordneten an die Friedensverhandlungen nach dem Kriege geeignet. Er starb 1648 im Alter von 66 Jahren. Vergl. 31, 32, 36, 40. Die Daten sind hauptsächlich den Zusätzen des Bibliothekars Peter Füssli 1665 im Macr. A. 61 der Stadtbibl. Zürich entnommen.

155. † Füssli, Hans, Hedingen.
156. † Funk, Meister Ulrich, Z., des kl. R. und der Räthen von der Meisenzunft, B. b. l., Golder. Vor der Schlacht Rathsabgeordneter in Cappel, vergl. p. 24.
157. † Gallmann, Rudolf, Müller, p. 27, 29.
158. † „ Hans,
159. † „ Wälti,
drei Brüder, wohlhabende Amtleute von Mettmenstetten, auf der Walstatt nahe beisammen liegend.
160. † Gattiker, Hartmann, Zollikon.
161. † Geroldseck, Diebold von, ehemal. Administrator der Abtei Einsiedeln, in Zürich, B. b. l. Jahrztb. Menz.
162. † Gerwer, Meister, Bertschikon, Amt Grüningen.
163. † Gimper, Heini, Kilchberg.
164. † „ Hänsi, „
165. † Glättli, Moritz, Bonstetten.
166. † Glarner, Heini, Ober-Meilen.
167. Göldli von Tiefenau, Junker Georg, Sohn des Bürgermeisters Heinrich Göldli. Die hauptsächlichsten Daten aus seinem Leben sind: 1495 des gr. R., 1521 Hauptmann im Dienste des Papstes Leo X., der ihn für die Tapferkeit, mit welcher er den päpstlichen Hülfsvölkern den Pass von Vaprio im Venetianischen öffnete, zum Ritter schlug; 1524 von den Bauern zu Eglisau halb todt geschlagen, als er mit Hans Schweizer (s. d.) ihnen die Rechte der Obrigkeit auf den Fischfang im Rheine erklären wollte und zur Antwort erhielt: „sy sch.....d vff die Obrigkeit"; 1525 des Raths und Bauherr; 1526 Zeugherr; 1529 als Hauptmann des Freifähnleins im ersten Cappelerkrieg eine Zeit lang im Kloster Cappel; 1531 Hauptmann der Hülfsvölker in Bünden gegen den Castellan von Müs, nachher des Fähnleins zu Cappel; 1532 wegen seiner Haltung in der Schlacht in einen Staatsprocess verwickelt, aber freigesprochen; gibt noch im gleichen Jahre das Bürgerrecht zu Zürich auf und zog nach Constanz, wo er 1536 starb. Vergl. die Neujahrsbl. Nr. 36 p. 14, 16; Nr. 43 p. 12, 18, 22. Zu seiner Beurtheilung in Betreff der Heeresleitung vergl. unsere Schlachtdarstellung. — Von ähnlicher, dem Katholizismus freundlicher Parteistellung waren seine beiden Brüder Rennward, der in Folge der Reformation nach Luzern zog, und Kaspar, den wir in der Schlacht von Cappel im feindlichen Heere finden; vergl. p. 25, 37. Ueber Kaspar wissen wir, dass er 1499 Hauptmann der Zürcher bei Frastenz und Dornach war, 1510 in Dienst bei Papst Julius II., 1510 bei Maximilian I. stand und 1521 wie sein Bruder Georg von Papst Leo X. zum Ritter geschlagen wurde. Das Zürcherbürgerrecht gab er schon 1525 auf und lebte von da an in Rapperswil, wo er 1531 mit dem Landrecht von Schwyz beschenkt wurde und 1542 starb. Nüscheler p. 40. Nach Joh. v. Hinwyl p. 2 soll er nach der Schlacht Hauptmann von 1300 Mann in der March gewesen sein, die den im Gaster liegenden zürcherischen Hülfsvölkern aus dem Toggenburg gegenüber standen. — Das Geschlecht Göldli existirt in Luzern jetzt noch.

168. Götschi, Ruodi, im Kriegsrath vom 10. Oct., V.
169. Götschi, Vogt, wünscht 200—300 Mann zur Besetzung des Buchwäldchens. Auf Kundschaft sieht er die Feinde von Zug her in drei Haufen anrücken, ungefähr 400 Mann in der Nachhut. Ein anderer Zeuge, der dasselbe berichtet, nennt ihn Jungvogt Götschi. Y., vergl. p. 31.
170. † Goldimann, Hans, Horgen.
171. † „ Hans, Thalweil.
172. † Goldschmied, Meister Thomann, Winterthur.
173. † Gossmann, Oswald, Basserstorf.
174. † Gossaner, Hans, Riespach.
175. † „ Konrad, „
176. „ ? „ der dritte Bruder lag todwund auf der Walstatt, kam aber mit dem Leben davon.

177. † Gosswyler, Hans, Turbenthal.
178. †   „   Hans, Gürtler, Z., B. b. l.
179. † Graf, Uli, genannt Schuler, Bärentsweil.
180. † Grampenschlaher, Uli, Stäfa.
181. † Grob, Hermann, Gossau.
182. †   „   Grossfelix, Attikon.
183.   Gross, Benedict, V.
184.   „   Jakob; V., vergl. p. 36, 46.
185.   „   Jakob, Bonstetten, Kundschafter beim Anzug der Feinde, Berichterstatter hierüber an die Hauptleute, Zeuge über Göldli's Flucht. V, vergl. auch p. 29, 41.
186.   Gross, Jungheini, Stallikon.
187. † Grossjakoben Sohn, Stallikon.
188.   Grossmann, Jakob, V.
189. † Grundler, Hans, Gossau.
190. † Günthart, Heini, Kilchberg.
191. †   „   Hans,   „
192.   Gugellotz, Ruotsch, Erlenbach, V. über Lavater.
193. † Guggenbühl, Hensi, Uetikon.
194. †   „   Klaus,   „
195. † Gul, Uli, Hegnau.
196. † Gut, Grauheini, Ottenbach,
197. † „ Kleinhans,   „
198.   „ Heini,   „   rettet Lavater auf der Flucht aus einem Graben. Bull. III, 129.
199. † Gut, Rüdi, Mettmenstetten.
200.   Gwerb, Rudolf, Pfarrer zu Riffersweil, erzählt in den V., wie er von Peyer am 10. Oct. nach Zürich entsandt worden (vergl. Bull. III, 101), um vom Anzug der Feinde, insbesondere des Uristiers, Meldung an den Rath zu machen.
201. † Gyr, Rüdi, Kirchgass-Meilen.
202.   Gysinger, Hans Müller, v. Blafeien im Breisgau, Lavaters Reitknecht, darum „Reithans" geheissen. Bull. III, 129.
203.   Gyssler, Alba, fordert bei Zwingli und den Hauptleuten Fällung des Buchwäldchens (sy wurde lyden angan, wo der wald nit ferfellt wurde). Steht in der Schlachtordnung neben Einem, dem der zweite Schuss der Fünfortischen eine Hand abschoss. V., vergl. p. 31.

204. † Haag, Hans, Embrach.
205. † Haas, Oswald, Männedorf.
206. †   „   Hans, Ottikon.
207. † Hab, Meister Urs, Z., des kl. R., der Räthen von der Weggenzunft. B. b. l.
208.   Habersaat, Heini, Zeuge über das Gerücht betreffend die Zusammenkunft der Gebrüder Göldli, p. 25, und über das Buchwäldchen, p. 31.
209. † Hadliger, Martin, Sulzbach.
210.   Häder, Heini, V.
211. † Hägi, Heini, Hausen.
212.   Häginer, Lenz. Will das Buchwäldchen fällen. V., vergl. p. 31.
213.   Häginer, Vater selig. V.
214. † Hänseler, Hans, Mettmenstetten.
215. † Haggenmacher, Heinrich, Winterthur.
216. † Haller, Herr Johannes, Pfarrer zu Bülach. B. gibt Biographisches. Eine mir von Hrn. Prof. G. v. Wyss mitgetheilte genealogische Tafel gibt folgendes: Haller, geb. 1487 zu Wyl, Ct. St. Gallen, verheiratet sich als der erste Priester im Bernerbiet (Amsoldingen) 1521, wurde von dort vertrieben 1525, nahm an der Disputation zu Bern Theil 1528, Pfarrer in Bülach 1528 bis 1531. Seine Söhne Johannes und Wolfgang, Geistliche zu Zürich und Bern (beide auch Archidiaconen am Grossmünster) waren bedeutende Schriftsteller, namentlich Wolfgang, der jüngere.
217.   Haller, Paulus, Pali genannt, trifft auf der Flucht mit Füssli zusammen und steht mit diesem in engerem Verhältnisse. Füssli fol. 6.
218. † Halbheer, Hans, ab dem Bühl, Gossau.
219. † Hammerschmied, der, Affoltern.
220. † Hardmeier, Jakob, Küssnach.
221. † Hartmann, Burkhard, Riesbach.
222. † Hasler, Arbogast, Oberwinterthur.
223. † Hediger, Junghans, Stallikon.
224. † Heer, Klaus, Uetikon.
225. † Hegnauer, Jakob, Hegnau.
226. † Heinrich, Meister, der Stadt Nachrichter, Z., B. b. l.
227. † Heinrici, Hans, Thalweil.
228. † Held, Klaus, Uetikon.
229. † Henning, Hans, Gossau.
230. † Hertenstein, Jos, Maur.
231. † Herzog, Herr Konrad, Conventherr zu Cappel.
232. † Heuberger, Hans, Z., B.
233. † Hiesshorn, Rüdi, Mettmenstetten.
234. † Hirzel, Hensli, Sigrist, Wetzikon.
235. † Hitz, Jörg, Hausen.
236. † Hobel, Heinrich, Z., B. b. l.
237. † Hochstrasser, Uli, Küssnach.
238. † Hoffmann, Hans, Kilchberg.
239. †   „   Herr Andreas, Conventherr zu Cappel.
240. † Hoffmann, Jörg, Müllerknecht von Lommis, Cappel.

241. † Hofstetter, Uli, Hausen.
242. Holzhalb, Lienhart, Z., Schwager des Büchsenhauptmanns Peter Füssli (dessen Schlachtbericht fol. 2 b.), Bruder von dessen zweiter Gattin Verena Holzhalb, Sohn des Rathsherrn Jakob Holzhalb. Lienhart H. mahnt wie Füssli zum Rückzug auf den Münchbühl. Als Göldli dagegen auftrat, sagt er: „Wohlau! Wo sich ein Anderer finden lässt, da will ich mich auch finden lassen". V, vergl. p. 36.
243. † Holzhalb, Hans, Z., Vortrager des Schützenfähnleins.
244. † Holzmann, Hans, Mettmenstetten.
245. † Homburger, Jakob, Dürnten.
246. † Horner, Hans, Kilchberg.
247. †   „   Felix, Hirslanden.
248. † Hottinger, Heini, Zollikon.
249. †   „   Heini, Riespach.
250. †   „   Hans, Kilchberg.
251. † Hotz, Rüdi, Wipkingen.
252. † Huber, Hans, Schneider, Z., B. b. l.
253. †   „   Hans, Mettmenstetten.
254. †   „   Matthys, Maschwanden.
255. †   „   Uli, Bonstetten.
256. †   „   Hans, Untervogt, Greifensee.
257. † Huber, Heini, Oberglatt.
258. †   „   Moritz,
259.   „   Konrad, Schweikhof, im Kriegsrath vom 10. Oct., V., vergl. p. 23.
260. Huber, Hans, Tiefenbach, befehligt etliche Büchsen und fügt dem Feinde bei seinem ersten Angriff grossen Schaden zu. Nachdem Hubers Verlangen, das Buchwäldchen zu verhauen (p. 30) von Göldli abgewiesen worden, heisst er etliche Hakenschützen, darunter Adam Näf von Vollenweid, in das Buchwäldli ziehen, den Feind in seinem Aufmarsch zur Höhe zu hindern und wollte, wenn Göldli ihn nicht gehindert hätte, mit seiner grossen Büchse selbst nachkommen. Vor der Schlacht im Kriegsrathe (p. 23), auf der Flucht bei der Pannerrettung betheiligt, vom Feinde angerannt und verwundet. Zeuge Bullingers über die Pannerrettung. Vergl. Bull. III, 119, 121, 132 f. Füssli fol. 2. Seine Zeugendeposition aus den V. s. im Anhang. Am 27. Oct. wird er dem Heer zu Blickenstorf als einer der Tüchtigsten zu Rath und That empfohlen. Staatsarchiv Zürich, Brief Freitag vor Simon und Judä Abends 11 Uhr.
261. Huber, Oswald, Tiefenbach, wohl verwandt mit Hans H., ebenfalls bei den Schützen, erschiesst gleich im Anfang einen Feind, muss aber dann auf Befehl Göldli's das Schiessen einstellen. V., vergl. p. 28.
262. † Hüniger, Klaus, Oberwinterthur.
263. † Hürner, Heini, Greifensee.
264. † Hüssli, Hans, Aegst, einer der hauptsächlichsten Zeugen über Göldli's verrätherische Zeichen und das Verhalten betreffend das Buchwäldchen. V., vergl. p. 30, 31, 41, 45.
265. Hug, Hans, V.
266. † Hugenhans, Jakob, Birchwyl.
267. † Hurter, Hans, Uerzlikon.
268. † Hyler, Felix, Z., B.
269. † Hymel, Uli, Würglen.
270. † Jäggli, Hans,   Egg.
271. †   „   Grosshans,   „
272. † Joner, Wolfgang, zubenannt Rüppli, von Frauenfeld, seit 1519 Abt von Cappel. Die Lebensbeschreibung bei Bull. III, 151. Berather in Terrainsachen Bull. III, 118 f. Unter den Angreifern, vergl. p. 33. Verwundet, ermahnt er die Mannschaft: „Redlich dran!" Begraben im alten Keller. Bull. III, 151.
273. Jos, Heinrich, Mettmenstetten, im Kriegsrathe vom 10. Oct. V., vergl. p. 13, 31.
274. † Judas, Heini, Medikon.
275. † Jufer, Simon, Winterthur.
276. † Junghans, Wälti, Affoltern.
277. † Kaltbrunner, Felix, Küsnach.
278. †   „   Hans,   „
279. † Kambli, Hans, Z., B.
280.   „   Kleinhans, Z., Vortrager des Panners, berühmt durch die verzweifelte Rettung des Panners. Bull. 129 ff., vergl. p. 40. Kessler, Sabb. 382 b. Tschudi p. 193. Die ihm zum Danke verliehene Vogtei Eglisau verwaltete er von 1532—1542. Bull. III, 132.
281. † Karrer, Heini, Maur.
282. Karl, der Trommelschlager, V.
283. † Keller, Hans, Pfister, Z., B.
284.   „   Hans Balthasar, Z., Gatte (seit 1528) der Agatha Meyer von Knonau, der zweiten Stieftochter Zwingli's, Sohn des 1515 bei Marignano mit vier seiner Söhne gefallenen Rathsherrn und Landvogt Niklaus Keller, Urenkel des 1508

verstorbenen Helden von Héricourt und Murten Felix Keller. Hans Balthasar lag nach der Cappelerschlacht mit 14 Wunden bedeckt scheinbar todt am Boden (p. 42), wurde ausgesogen und seines goldenen Siegelrings beraubt, entkam aber schliesslich doch und wurde wieder vollständig hergestellt. Zeugherr 1532. 1594 wurde seinem Sohne Bürgermeister Johann Keller, als dem Nachkommen eines tapfern Helden, der Siegelring von einem Unterwaldner Gesandten, der ihn trug, zurückgestellt. H. C. Keller, Keller'sches Stammbuch. Nüscheler p. 40 f. Neujahrsbl. Stadtbibl. 1865 p. 9.

285. Keller, Meister...., „Lüttinat" Göldli's. V., vergl. p. 30, 31.
286. † Keller, Jakob, Wiedikon-Enge.
287. † „ Albrecht, Embrach.
288. † „ Jakob, „
289. † Keretz, Hans, Hottingen.
290. † Keritz, Hans, Küssnach.
291. † Kienast, Hans, Untervogt, Riesbach.
292. † Kienast, Felix, Zollikon.
293. † Kindelmann, Hans, Gossau.
294. † Klauser, Hartmann, Apotheker, Z., des gr. R. Löst die Wachten ab. Steht vorn in der Ordnung. Füssli fol. 3.
295. † Kleinhänsli, Uli, Volken.
296. † Kleinhans N., Affoltern.
297. † Klingler, Herr Hans, Pfarrer zu Ottenbach.
298. † Kunz, Jakob, Z., B. b. l.
299. † „ Jörg, Kilchberg.
300. † Knöul, Rudolf, Z., B. b. l.
301. † Knopfli, Kaspar, Küssnach.
302. † „ Klaus, ab dem Feld-Meilen.
303. † Knuup, Heini, Küssnach.
304. Köchli, Bartholomäus, Ammann zum Fraumünster, Z., einer der hauptsächlichsten Büchsenschützen. Bull. III, 119. V., vergl. p. 46.
305. † König, Heinrich, Maur.
306. † „ Uli, Hausen.
307. † Koffel, Lienhart, Kloten.
308. † Koler, Meister Laurens, Pfarrer zu Egg.
309. † Kolmer, Bastian, Winterthur.
310. † Kramer, Jakob, Küssnach.
311. † „ Heini, Vesikon.
312. † „ Herr Ulrich, Pfarrer zu Russikon.
313. Kramer, Konrad, V.
314. † Krayer, Ulrich, Z., B. b. l.
315. † Kriesi, Hans, Gossau.
316. † Krüüyl, Herr Wolfgang, Lehrer und Prediger im Kloster Rüti. Kundschafter betr. den Aufbruch der Schwyzer, im Staatsarchiv Zürich, vergl. p. 24.
317. Küng, Hans, V.
318. „ Jakob, V.
319. † Künig, Hans, Egg.
320. † Lamparter, Hans, Schneider, Bülach, sesshaft in Zürich.
321. † Landess, Heini, Horgen.
322. † Landöss, Hans, Kinderschuhmacher, Z., des gr. R., B. b. l.
323. † Landolt, Jörg, genannt Vogt von Marbach, Kilchberg. Votiert im Ring vor der Schlacht für Verbleiben auf Scheuren. Bull. III, 117.
324. Landolt, Balthasar, V.
325. † Langhans, Mettmenstetten.
326. „ · oder Fischer ? V.
327. Lavater, Hans Rudolf, geb. 1491, Glaser, ein tapferer und stattlicher Mann, von reformfreundlichen Familienverbindungen, gleich von Anfang an ein Gönner der Reformation. 1512 im Pavierzug und 1521 mit Peter Füssli unter Kaspar Göldli als Fähndrich im sog. Leinlackenkrieg in päpstlichem Dienste. Bei einer 1524 wegen rückständigen Soldes an den Papst gerichteten Gesandtschaft blieb er, während einer seiner Collegen vor dem heil. Vater niederkniete und den Fuss küsste, aufrecht stehen und äusserte auf die Aufforderung Umstehender, dem Papste näher zu treten: Es sei ihm leid, dass er demselben nur so nahe gekommen sei. 1525 Landvogt zu Kyburg, über etwa einen Dritttheil des zürcherischen Gebietes, 50 Pfarrdörfer und 80 Burgen. Seine Volksthümlichkeit machte ihn zu staatlichen Sendungen in die Landschaften der Ostschweiz geschickt. So nimmt er 1529 den Thurgau, die Landschaft des Abtes von St. Gallen und das Rheinthal in wenig Tagen für die Bestrebungen Zürichs ein. Gegen seinen Schwager, Georg Berger, den Oberbefehlshaber im ersten Cappelerkriege, wirkt er in Zwingli's Sinne dem Frieden entgegen. Zwingli bezeichnet ihn selbst als einen Mann, dem man ganz vertrauen dürfe und der am wenigsten zu falscher Nachgiebigkeit im Friedensschlusse sich herbeilasse (Brief an die Gesandten

der evangel. Stände vom 24. Juli 1529). Unzweifelhaft auf besondern Rath Zwingli's wurde er Oberbefehlshaber für den Krieg von 1531. Die übrigen Kriegsräthe unterstützten ihn nicht genügend in seinen energischen Plänen. Ueber seine Haltung in der Schlacht s. p. 32, 33, 46. Mit dem Umschlag der öffentlichen Meinung Zürichs sank auch sein Ansehen. Mit Göldli vom Rathe entsetzt; verlangte er selbst Untersuchung, die für ihn günstig ausfiel und ihn in seiner Vogtei bestätigte. 1534 treffen wir ihn bereits wieder an den Annäherungsversuchen zwischen Zürich und Bern betheiligt. 1536 Rathsherr. 1538 Abgeordneter an König Ferdinand von Prag wegen der Nellenburgischen Güter. 1541 Bannerr. 1543 Seckelmeister, 6. December 1544 einstimmig zum Bürgermeister erwählt und 12. April 1545 durch einen Wappenbrief des Königs Ferdinand ausgezeichnet. Bald nach seiner dreizehnten Wahl zum Bürgermeister, am 10. Januar 1557 starb er. Aus der Biogr. Lavaters im Neujahrsbl. des Waisenhauses 1864.

328. † Leimbacher, Anthoni, Kilchberg.
329. †   „   Hans, Brütten.
330. † Lemann, Jakob, Z., des gr. R., B. b. l.
331. † Lemann, Peter, Z., B. b. l.
332. †   „   Joder, Küssnach.
333. †   „   Bläsi, Kilchgass-Meilen.
334. †   „   Hans, am Grund-Meilen.
335. †   „   Heini, Würibach-Horgen.
336. †   „   Jakob, Horgen.
337. † Lendi, Hans, Affoltern.
338. †   „   Wälti, „
339.   „   Marx, V., vergl. p. 41.
340. Lindiner, Heini, V.
341. † Lochmann, Uli, Küssnach.
342.   „   Hans, „ Er lag schwer verwundet auf der Walstatt, wurde gefangen, stand beim Feuer und sah den Absagebrief, den der Ueberreiter, der Trompeter von Luzern, bei Zwingli gefunden haben wollte. V.
343. † Lonb, Konrad, Z., B. b. l.
344. † Loucher, Rüdi, Stallikon.
345. † Lübegger, Diethelm, Kürschner, Z., des gr. R., B. b. l.
346. † Lnur, Hans, Riesbach.
347. †   „   Jörg, Uster.

348. Maler, Hans, Ueberreiter der Stadt Winterthur, Zenge über Zwingli auf dem Zug zum Schlachtfelde. Bull. III, 137.
349. † Maler, Heini, Greifensee.
350. † Martin, Jos, Horgen.
351. † Matthisli, Klosterknecht zu Cappel.
352. † Matthys, Heini, Wiedikon-Enge.
353. † Meier, Thoman, Schultheiss, Z., des gr. R.
354. † Meier von Knonau, Junker Gerold, Z., des gr. R. und Statrichter, geb. 1509, jüngstes Stiefkind Zwingli's. Vergl. Neujahrsbl. Stadtbibl. 1865 p. 9. „Er hat sich in der Schlacht tapfer und redlich gezeigt und gehalten, und wiewohl die Feinde ihn gar wohl erkannten und ihn in äusserster Noth gefangen nehmen und am Leben erhalten wollten, wollte er sich nicht gefangen geben; dann, sagte er, es wäre ihm löblicher, ehrlich gestorben zu sein, dann sich schmählich in die Flucht oder gefangen gegeben zu haben. Ist also mit Andern mehr von gemeiner Stadt wegen und um des h. Evangeliums willen in seiner blühenden Jugend, als er erst in das 23. Jahr gegangen, und noch wohl gefördert worden wäre, um's Leben gekommen." Aus Familiennachrichten bei Hess, Anna Reinhard p. 57. Vergl. p. 42. Dass er sich nicht gefangen geben wollte und sich sehr tapfer hielt, sagt auch Bull. III, 130, ebenso ein damaliges Lied in der Simmler'schen Samml. Bd. 29 (bei v. Liliencron Nr. 431, Str. 21 f.):

[21] Syn widerstand hands gfunden
Von einem jungen man;
Hand gsprochen: ei, pots wunden!
Wir wend in gfangen han....
[22] Ist junker Gerolt Meyer
Syns libs ein starker man....
u. s. w.

355. † Meier, Hans, Riesbach.
356. †   „   Heinrich, Hottingen.
357. †   „   Uli, Wiedikon-Enge.
358. †   „   Hans, Uetikon.
359. †   „   Bernhard, Kirchgass-Meilen.
360. †   „   Uli, Kilchberg.
361. †   „   Klaus, Ottenbach.
362. †   „   Rüdi, Stallikon.
363. †   „   Herr Hans, Pfarrer zu Wetzikon.
364. Meier, Konrad. V.
365.   „   Kaspar, Meilen. V.
366.   „   Töni. V.

367. † Merkli, Heini, genannt Ammann, Kilchberg.
368. † Merkli, der alte, von Kilchberg, und dessen Söhne:
369. † „ Hans
370. † „ Jakob, nebst
371. „ einem dritten Sohn, der todwund auf der Walstatt lag, aber mit dem Leben davonkam, vergl. p. 42.
372. † Meyss, Junker Hans, Z., B. b. l.
373. † Michel, Bruder, Vesikon.
374. † Mittelspacher, Hans, Hinwyl.
375. † Müllegg, Uli, Hettlingen.
376. † Müller, Jakob, Wipkingen.
377. † „ Hans, Zollikon.
378. † „ Heinrich, Küssnach.
379. † „ Hartmann, Thalweil.
380. † „ Heini, Affoltern.
381. † „ Uli, Stallikon.
382. † „ Uli, Hettlingen, in Winterthur.
383. † „ Hermann, Wetzikon.
384. † „ Hans, Gattikon, nimmt im Verhör Lavater in Schutz. V.
385. Müller, Jos, V.
386. † Mürsel, Rüdi, Egg.
387. † Muggler, Felix, Illnau.
388. † Murer, Marx, Gerwer, Z., Halbardenhauptmann zur Panner, B. b. l.
389. † Murer, Hans, Zollikon.
390. † „ Urban, Grüningen.
391. † „ Jakob, Leerüti.
392. † „ Fridli, Egg.
393. † Muft, Bläsi, Z., B.
394. † „ Hans, Z., B. b. l.

395. Näf, Adam, Vollenweid, Hakenschütze unter Hans Huber von Tiefenbach. Seine Deposition über Göldli s. p. 31, seine Tapferkeit bei der Pannerrettung und die Güterschenkung p. 40.
396. † Näf, Marx, Vollenweid, vielleicht mit Adam N. verwandt.
397. † Näf, Hans, Hausen.
398. † „ Konrad, Thalweil.
399. † „ Rudolf, „
400. † „ Herr Jakob, Pfarrer zu Affoltern.
401. † Nägeli, Hans, Kilchberg.
402. † „ Peter, „
403. Netzler, Konrad, Unterstrass, V.
404. † Niggli, Jörg, Kilchberg.
405. Nögi, Rudi, V.
406. Nötsli, Konrad, V.
407. † „ Uli, Höngg.
408. † Notz, Michel, Mettmenstetten.
409. † „ Hans, Hedingen.

410. † Nüssli, Hansenmann, Nusseberg.
411. Nussbaumer, Jos, V.
412. † Nussberger, Jakob, Goldschmied, Z., B. b. l.
413. † Ochsner, Rudolf, Z., des gr. R., B. b. l.
414. † Ochsner, Hans, Riesbach.
415. † „ Heini, „
416. † Oesenbry, Heinrich, Z., B. b. l.
417. † Oetiken, Herr Stephan, Caplan zu Männedorf.
418. † Paur, Heini, Sulzbach.
419. Peter, Wirth zu Cappel, controliert den Erfolg der zürcher. Büchsen. V., vergl. p. 29, 46.
420. † Peter, Peter, Gibswyl.
421. † „ Pauli, Zinnikon.
422. † „ Uli, genannt der Metzger von Cappel, Wiesendangen.
423. † Peyer, Meister Heinrich, Zunftmeister s. Kämmel, vor der Schlacht vom Rathe nach Knonau und Cappel geschickt, vergl. p. 24. Am 10. Oct. im Kriegsrathe. V. Die auf ihm gefundenen Briefe liegen noch im Staatsarchiv Luzern.
424. † Pfenninger, Heini, Stäfa.
425. † „ Burkhart, Hakenschütz, von Göldli abgehalten, das Buchwildchen zu besetzen. V., vergl. p. 31.
426. † Pfiffer, Niklaus, Schmied, Z., des gr. R., B. b. l.
427. Pfiffer, Hans, Fähndrich v. Andelfingen, im Kampfe von zwei Feinden überwältigt, niedergelegt, des Fähnleins beraubt und gefangen. Ein Urner und ein Zuger sollen sich um den Besitz des Fähnleins gestritten haben, da der eine den Fähndrich niedergelegt, der andere das Fähnlein erobert habe. Der Zuger scheint Jakob Meyenberg von Baar (s. d.) zu sein, dem die Obrigkeit das von ihm erbeutete Fähnlein um 100 Pfd. abkauft. V., zwei Depositionen. Bull. III, 158, vergl. p. 40.
428. Pfister, Heinrich, Zeuge für die Wegführung eines Theils der Mannschaft von Scheuren. V.
429. † Pflug, Felix, Ottikon.
430. Pfrunder, ..., verwundet und wohl gefangen, V.
431. Pfrunder, Bruder des Vorigen, auf der Flucht bei Füssli. Dessen Beschreibung fol. 5.

432. † Radegger, Ulrich, Stadtläufer mit der Stadt Büchs oder Wappen, Z., B. b. l.
433. † Raber, der, Birkwyl-Ottenbach.
434. † Räbmann, Jakob, Zimmermann von Otelfingen, ein Müllerknecht, am Grund-Meilen.
435. † Räbmann, Rudi, Stäfa.
436. † Ransperg, Meister Sebastian, Pfarrer zu Gossau.
437. † Ransperg, Herr Wolf, Diakon zu Pfäffikon.
438. † Rapold, Jakob, Schmied, Z., B. b. l.
439. † Reidhaar, Hans, Meilen.
440. † Reinhart, Bernhart, Amtmann zum Stift, Schreiber zum Fähnlein, Schwager Zwingli's, Z., B. b. l. Liest den Absagebrief vor, Bull. III, 116. Sein Knecht Jakob Trüb (s. d.).
441. Reinhart, Hans, hilft Lavater retten, Bull. III, 129, trifft auf dem Albis mit Lavater und Füssli zusammen. Füssli fol. 6.
442. † Reit, Heinrich, Aesch (Amt Greifensee).
443. † Rey, Rudolf, Stadtbaumeister und Wachtmeister zur Panner, Z., B., b. (bezeichnet ihn als Junker), l. Begraben im alten Keller auf Scheuren, Bull. III, 151.
444. † Rieder, Christen, Elsau.
445. † Rietmann, Hans, Egg.
446. † Rubli, Meister Heinrich, alt Landvogt zu Baden, Z., B. b. l. Begraben im alten Keller auf Scheuren, Bull. III, 151.
447. Rudolf von Wyl, unter denen, die Göldli zurückführte, die aber wieder zur Ordnung giengen. V.
448. † Rüegg, Michel, Fällanden.
449. Rümmelysen, Hans, Schmied, V.
450. † Rüti, Konrad von, Zimmermann, Z., B. b. l.
451. † Rütlinger, Heini, Hegnau.
452. † „ Heinrich, Hensl's Sohn, Hegnau.
453. Rütlinger, Felix, V.
454. † Rütimann, Uli, Kilchberg.
455. † „ Uli, Hausen.
456. † Rütter, Konrad, Blattner, Z., B.
457. † Rütschi, Simon, Messerschmied, Z., B. b. l.
458. † Rütschi, Hans, Wipkingen.
459. † Rüyg, Jakob, Vater, Egg.
460. † „ Heini, Sohn, „
461. † Ruff, Hans, Winterthur.
462. Rynwalder, Rudolf, sieht den von Göldli weggeführten Zug fliehen. V.
463. † Ryschach, Junker Eberhart von, Vater, Z., B. b. l.
464. † Ryschach, Junker Anstett von, Z., B. b. l.
465. † Nässler, Junghans, Kilchberg.
466. Sattler, Brem, V.
467. Schänikon, Heini, V., vergl. p. 31.
468. † Schäppi, Heini, Oberrieden.
469. † Schalkhuser, Jakob, Winterthur.
470. † Schanoldt, Hänsli, Vesikon.
471. † Scheller, Hans, am Grund-Meilen.
472. † „ Hermann, Kilchberg.
473. † „ der, im Stalliker-Thal.
474. † Scherer, Thomann, Küssnach.
475. † „ Rudolf, Gossau.
476. † Schins, Hans, Kilchberg.
477. „ Rudolf, Schiffmann, Z., räth zum Einfall in den feindlichen Flankenmarsch, vergl. p. 29.
478. † Schlegel, Michel, Winterthur.
479. † Schlemmer, Hans, Bonstetten.
480. † Schmied, Gabriel, Schuhmacher, Z., B. b. l.
481. † Schmied, Ulrich, Küfer, Z., B.
482. † Schmied, Hans, Lavaters Knecht, hält mit den Pferden in den Matten gegen Hausen. Bull. III, 129. Füssli fol. 6. Mit Lavater auf dem Albis ib. 130. 6 b. Der Stadt Ueberreiter Bull. p. 129.
483. † Schmied, Meister Conrad, geb. 1476, Comthur des Johanniterhauses zu Küssnach; der Reformation zugethan, reformierte er selbst Haus und Kirche zu Küssnach, amtete als Pfarrer und berühmter Prediger. Auf der Walstatt lag er „unter und bei seinen Küssnachern", deren ausser ihm noch 38 gefallen waren. Der Leichnam wurde abgeholt und im Beinhaus zu Küssnach begraben. Mehreres s. bei Bull. III, 147. Meier, Blätter a. d. Geschichte v. Küssnach. Neujahrsbl. Chorherren 1825 mit Bildniss von Schmied. Der Taufstein zu Küssnach ist ein Denkmal von ihm; er trägt die Jahrzahl 1529 und das Wappen Schmieds zwischen zwei Johanniterwappen in Stein gehauen.
484. † Schmied, Hans, Felixen, des Vorigen Vetter, Kirchgass-Meilen.
485. † Schmied, Heini, auf d. Gass-Meilen.
486. † „ Heini, Horgen.
487. † „ Hans, d. Keringers Knecht, Kilchberg.
488. † Schmied, Berchtold, Adlischwyl, der erste, der von den Feinden erschossen wurde. Bull. III, 123. V.
489. † Schmied, Hans, Hedingen.
490. † „ Niklaus, Egg.

491. † Schmied, Wolfgang, am Bach-Dynhard.
492. Schmied, Andres, Z., Hrn. Felixen Burgermeisters sel. Sohn, trägt das Panner vom Albis nach Hause und ward 1546 im Reichskrieg Pannerherr der Stadt. Bull. III, 132.
493. Schmied, Michel. V.
494. † Schneeberger, Kaspar, Z., B. b. l.
495. † Schnewli, Hans, Affoltern.
496. † Schnider, Meister Hansen, Sohn, Küsnach.
497. † Schnider, Konrad, Kilchberg.
498. † „ Bartli, Affoltern.
499. † „ Hans, Bonstetten.
500. † Schnorf, Rudolf, Obermeilen.
501. † Schön, Hans, Affoltern.
502. † Schorer, Hans, am Feld-Meilen.
503. † „ Heini, „ „
504. † „ Eberhart, Mesikon.
505. † „ Othmar, V.
506. † Schürer, Hans, Affoltern.
507. † Schuler, Veltin, Peter Hutmachers Sohn, Z., B. b. l.
508. Schwab, Peter. V.
509. † Schwäninger, Herr Hans, Pfarrer zu Regensdorf.
510. † Schwarzenbach, Jörg, Kilchberg.
511. † Schwengeler [wohl Schweniger], Kleinhans, Trommelschlager der Grafschaft Kyburg, Welsikon-Dynhard.
512. † Schwersenbach, Hartmann, Z., des gr. R.. B. b. l., seit 1512, Rathsherr 1521, Zeugherr 1524. Geneal. Tabellen des Hrn. Hans Rudolf Rordorf bei Nüscheler p. 40.
513. † Schwyzer, Meister Hans, Zunftmeister bei der Schmieden, des kl. R., wohnhaft am Rennweg, Z. (Platter vita p. 280), öfters Vortrager der Panner in französischen Kriegen und 1499 des Pannerherrn Gerold Meyer von Knonau beim Zusatz in's Thurgau. Er machte wahrscheinlich den Zug in's Hegau mit und wurde 1520 Vogt zu Eglisau, wo er mit Göldli (s. d.) 1524 in Gefahr stand, von den Bauern erschlagen zu werden. Pannerherr in der Schlacht, vergl. p. 32, 33, wie schon 1529 im ersten Cappelerkriege. Bullinger beschreibt ihn als einen grossen, schweren, alten, gottesfürchtigen und ernsthaften Mann; in Religionssachen ward er viel und nützlich gebraucht (s. Thumeisen, Rudolf). Sein Ausharren in der Schlacht und seinen Tod mit dem Panner in der Hand s. p. 38, 39, 40. Vergl. Bull. 106, 113, 122 f., 128 ff., 142. Simmler'sche Sammlung, 29. Band.
514. † Senn, Matthys, Sigrist zu Riffersweil.
515. † Senn, Hans, Tochtermann des ebenfalls todten Dietschi, Uster.
516. † Sidler, Hans, Mettmenstetten.
517. † Spaach, Hans, Männedorf.
518. † Spreng, Meister Jakob, ein berühmter Bruchschneider, Z., B. b. l.
519. † Sprüngli. Ludwig, Z., B. b. l.
520. „ Adam, Büchsenschütze, Z. Bull. III, 119.
521. Sprüngli, Bernhard, Z., ermahnt Zwingli zu einer Ansprache an das Volk. Bull. III, 127.
522. Stäger, Konrad, wirkt für Fällen des Buchwäldchens. V.
523. † Stauber, Jakob, Zimikon.
524. Steini, Felix, Zeuge für Göldli's verrätherische Zeichen. V.
525. Steiner, Felix, Ebartsweil, wie der Vorige, V., vergl. p. 30.
526. † Steiner, Heini, Ottenbach.
527. † „ Klaus, „
528. † Stierli, Felix, Z., B. b. l.
529. „ Jörg, V., vergl. p. 31.
530. † Stocker, Hermann, Horgen.
531. † Stolz, Jörg, Kürschner, Z., B. b. l.
532. † Streuli, Rudolf, Z., B. b. l.
533. † Stub, Kaspar, Horgen.
534. † Stünzi, Rüdi, Horgen.
535. † „ Bernhart, „
536. † „ Ludwig, „
537. Stüssi, Heini, Niederhasli, V.
538. Stutz, Jakob, Meilen, V.
539. † Sulzer, Ulrich, Hauptmann und Schultheiss von Winterthur, ein hübscher, tapferer, ehrlicher Mann.
540. † Suter, Thoman, Stäfa.
541. † „ Jakob, „ V.
542. † „ Hans, Affoltern.
543. † „ Hans, Maur.
544. † Sutz, Peter, am Grund-Meilen.
545. † Syfrid, Jörg, Thalweil.
546. † „ Bernhard, „
547. † Täggler, Heini, Obermeilen.
548. Thoman, Kaspar, V.
549. „ Hans, Zollikon, V.
550. „ Heinrich, V.
551. † Thull, Hans, Riesbach, sesshaft in Obermeilen.
552. † Thumysen, Rudolf, Vater, Z., von der Schmiedenzunft, des kl. R., Obristmeister, Bull. III, 130, 142, mehrmals neben Hans Schwyzer (s. d.) zu Gesandtschaften verwendet, u. A. in die V Orte, wo sie

aber gar übel anfgenommen, verhöhnt und nicht einmal vor die Gemeinde gelassen wurden. Schon vor der Schlacht als Rathsabgeordneter zu Cappel anwesend (vergl. p. 24), sendet am 10. Oct. den Vogt Brendli von Thalweil und Andere zur Besichtigung und Wahl der Stellungen. V., vergl. p. 42.

553. † Thumysen, Grosshans, Sohn, Z., des gr. R., Fähndrich von Göldli's (Stadt-) Fähnlein, bei demselben erschlagen. Bull. III, 158. Bei Tschndi p. 185 Rothhans genannt.

554. † Thumysen, Junghans, Sohn, Z., Bruder des Vorigen und zugleich Vorträger seines Fähnleins. Bull. III, 143. Mit der Hellebarde hilft er Adam Näf das Panner befreien; angeblich bei der Kirche Hausen erschlagen. Bull. III, 130 f. (Jungherr Th.). In der Verordnung über das Geschütz vom Sommer 1531 findet sich Junghans mit seinem Knecht dem zweitgrössten Geschütz, dem 10centn. „Zwilling", zugetheilt.

555. Thumysen, Itelhans, Sohn, Z., Bruder der beiden Vorigen, wohl derselbe Hans Th., der im Sommer vor der Schlacht zu dem 11centnerigen Geschütz „Weinmonat" verordnet war, dem grössten der damals für Göldli bestimmten Geschütze. Als hervorragender und guter Artillerist, der mit seinem grossen Stuck den V Orten Schrecken brachte und „sich auch besonders redlich am Streite hielt", erscheint er auch bei Bull. III, 119 f., 132. Aehnlich spricht er von sich selbst, V., vergl. p. 28, ferner p. 46. 1531 des gr. R. und 1532 des kl. R., 1538 Zeugherr, 1548 Vogt zu Kyburg, 1559 von Ferdinand I. geadelt. Nüscheler p. 41. Das schön gemalte Bild in der Gemäldesammlung von Antistes Veith in Schaffhausen; die Züge drücken heroischen Ernst und Strenge aus. Gelzer p. 53.

556. † Töning, Wilhelm, Z., des gr. R., Wirth zum rothen Haus, Schützenhauptmann zur Panner (p. 32), im Rang auf Lavater folgend, gleichsam zweiter Oberhauptmann (Platter vita p. 299 u. mehrere Zeugendeposit. der V.), nimmt an den Sitzungen des Kriegsrathes in Zürich Theil Bull. III, 106, will auf dem Albis das Panner sich verstärken lassen ib. 122 f., verordnet den Vogt Bruder beim Anmarsch der Feinde zur Kundschaft und nimmt an den Berathungen der obersten Hauptleute Theil. Der Platz auf Scheuren gefiel ihm laut zwei Zeugen nicht. V. Den todt auf der Walstatt Liegenden sah Leodegar v. Hertenstein von Luzern (s. seinen Bericht im Anhang.)

557. Träger, Jakob, hält die Stellung auf Schenren für eine „ohne allen Vortheil". V., vergl. p. 46.
558. † Trayer, Martin, Riffersweil.
559. † Tribler, Jakob, Stäfa.
560. † Trüb, Jakob, Ellikon, Bernhard Reinharten Knecht und Harnischträger. Kam mit seinem Herrn um.
561. † Trüb, Oswald, Maur.
562. Tungkel, Hans, V., vergl. p. 46.
563. † Uli von Bern, Riffersweil.
564. † Ulimann, Hans, Horgen.
565. † Ulingers Tochtermann, Z., B.
566. † Ulmann, Uli, Affoltern.
567. † Unholz, Hans, Küssnach.
568. † Urner, Hans, Riffersweil.
569. † „ Uli,
570. † Uster, Jakob, Küssnach.
571. † Usteri, Jakob, Fischer, Z., B. b. l.
572. Utinger, Bernhard, Gevatter Peter Füssli's, Füssli fol. 5 b. Derselbe in den V.?
573. Vögeli, Rudolf, Müller, Büchsenschütze. Bull. III, 119, vergl. p. 28, 31, 46.
574. Vogler, Andreas, Hauptmann, Elgg, einer der Hauptzeugen gegen Göldli, s. p. 40.
575. Vogler, Kaspar, V.
576. † Vogt, Lenz, Küssnach.
577. † Vollenweider, Hans, Mettmenstetten.
578. † Vonruofs, Meister Jakoben Sohn.
579. † Walder, Heinrich, Schuhmacher, Z., des gr. R., B. b. l.
580. † Walder, Konrad, Küfer, Z., B. b. l.
581. † „ Herr Anthoni, eh. Cantor zu der Propstei Zürich.
582. † Walder, Uli, Knonau.
583. † „ Klaus, Hombrechtikon.
584. † Wamsauer, Herr Conrad, eh. Caplan zu Zürich.
585. † Waser, Wilhelm, Riesbach.
586. † „ Hans, Gossau.
587. † Weber, Konrad, Hirslanden.
588. † „ Klaus, Dübendorf.
589. † „ Hans, Zollikon.

590. † Weber, Hans, Trichtenhausen-Zollikon.
591. † Weber, Jakob, Dicknau-Küssnach.
592. † „ Othmar, Uerzlikon.
593. † „ Hans Ulrich, Andelfingen.
594. † „. Klein Lienhart, Egg.
595. † „ Hans, Fähndrich von Grüningen nach dem Tode des Fähndrichs Boller in der Schlacht.
596. † Weinmann, Felix, Küssnach.
597. † „ Jörg, „
598. † „ Philipp, „
599. † Welti, Adam, Wiedikon-Enge.
600. „ Rüdi, Rottmeister von der Landschaft, wollte Büchsenschützen in das Buchwäldchen legen. V., vergl. p. 31.
601. † Werder, Hensli, Küssnach.
602. † Werdmüller, Jörg, Z., B. b. l.
603. † Wettstein, Heinimann, Russikon.
604. Wetzel, Bastian, glaubt an einen Angriff durch das Buchwäldchen. V., vergl. p. 31.
605. † Widmer, Kleinhensli, Küssnach.
606. † „ Hans, Hedingen.
607. † „ Felix, „
608. † „ Jos, Lindau.
609. † Wildermuth, Konrad, Sulzbach.
610. † „ Chüni, Seegräben.
611. Windisch, Uli, aus der Grafschaft Kyburg, hilft mit Velti und Peter Wipf den Hauptmann Lavater retten. Bull. III, 129.
612. Wipf, Peter } s. Windisch.
613. „ Velti
614. † Wirth, Pauli, Ottenbach.
615. † Wirz, Antoni, Z., B. b. l. Copul. 1527 mit Margaretha Meyer von Knonau, der ersten Stieftochter Zwingli's (geb. 1506), die nach W. Tod den Seckelmeister Hans Escher zum Luchs heirathete. Neujahrsbl. d. Stadtbibl. 1865 p. 9.
616. † Wirz, Kaspar, Küssnach.
617. † „ Jos, „
618. † Wolf, Heinrich, Schaffner zu Embrach, Z., des gr. R., Vater von Joh. Wolf, Pfarrer zum Fraumünster.
619. † Wolf, Jakob, Egg.
620. † Würgler, Uli, First.
621. † Wüst, Hans, Riesbach.
622. † Wunderlich, Hans, am Feld-Meilen.
623. † „ Peter, „
624. † Wyss, Heinimann, Hard-Wipkingen.
625. † „ der alte, Kilchberg.
626. † „ Rüdi, „
627. † „ Hänsi, „
628. † „ Wilhelm, Riffersweil.
629. † „ Ruotsch, „
630. † „ Rütschi, Mettmenstetten.
631. „ Wernli, hilft Lavater auf der Flucht retten.
632. † Wyss, Bernhard, von Ravensburg, Bürger zu Baden, 1513 Z., B. b. l. Haller p. 591 (Niklaus W.). Seine Chronik auf der Stadtbibliothek Zürich.
633. † Yringer, Hans, Küssnach.
634. † Zeller, Herr Ulrich, eh. Augustinermönch zu Zürich.
635. † Ziegler, Rudolf, Z., Spiessenhauptmann zu Göldli's Fähnlein, räth im Ring vor der Schlacht zum Rückzug auf den Münchbühl, (vergl. p. 27), gehört aber der katholischen Partei in Zürich an. Bull. III, 117 f.
636. † Ziegler, Jakob, am Bach-Dynhard.
637. † Zolliken, Uli, Hombrechtikon.
638. † Zollner, Junker Wilprecht, Z., B. b. l.
639. † Zur Eich, Hans, zubenannt Lenz, Metzger, Z., B. b. l.
640. Zur Laube, Hans, Wiedikon-Enge.
641. Zur Wyden, Konrad, verweist Göldli wegen seiner Begünstigung der Flucht. V., vergl. p. 41.
642. † Zwingli, Ulrich, Pfarrer zum Grossmünster zu Zürich und Feldprediger zum Panner. Von ihm ist in unserer Schrift die Rede auf p. 32, 33, 38, 39, 42 ff., 49, 52 53, 59.

II. Luzern.

1. Gisslinger, Jakob. Hertenstein.
2. Göldli, Kaspar, Ritter, s. unter Zürich: Göldli, Georg.
3. Golder, Hans, Schultheiss und Hauptmann der Luzerner. Zuger Bericht fol. 3. Hertenst. Tschudi p. 185. Bull. III, 114. — Der V Orte oberster Hauptmann Kessler, Sabb. p. 382 a. — Soll gegen die Verurtheilung von Zwingli's Leichnam aufgetreten sein Bull. III, 167. — Seine Beschreibung der Schlacht s. im Anhang.
4. Fleckenstein, Heinrich, Schützenhauptmann von Luzern. Bull. III, 114.
5. Haas, Rudolf, Schützenfähndrich von Luzern. Um ihn sammelt Jauch die Schützen der Vorhut im Walde. Tschudi p. 189. Jahrztb. Mans.

6. Hertenstein, Leodegar von. Seine Erlebnisse an der Schlacht s. im Anhang.
7. Meggen, Jost von. Soll nach Vogel, Aegid. Tschudi p. 39 an der Schlacht theilgenommen haben.
8. Sonnenberg, Junker Wendelin, Pannerherr von Luzern. Zuger Bericht fol. 3. „Der niederen Stadt Panner" Tschudi p. 185. Bull. III, 114.
9. Trompeter, der, mit dem Absagbrief, dem Namen nach unbekannt. Golder. Füssli fol. 2 b. Bull. III, 115.

III. Uri.[1]

1. Brucker, Hans, Pannerherr von Uri. Zugerbericht fol. 4. Tschudi p. 185. Bull. III, 114.
2. Jauch, Johannes, früher Landvogt in Sargans, ein erfahrner Kriegsmann, Tschudi p. 186, ein handfester Landmann und guter Büchsenschütze Bull. III, 125. Berühmt durch seinen Handstreich gegen die Zürcher in der Schlacht, vrgl. p. 87 und die dort angeführten Stellen.
3. Troger, Jakob, Landammann u. Hauptmann von Uri. Zuger Bericht fol. 3. Tschudi p. 185. Wird beim ersten Schiessen der Zürcher fast getroffen und ermuthigt daraufhin zum frischen Angriff. Blättler. Gevatter Jauchs und diesem entgegen wider den Angriff am 11. Oct. Bull. III, 125.

IV. Schwyz.[2]

1. Adrian von Ure.
2. Beschger, Ull.
3. "   „   Werni.
4. Dasseli, Meinrad.
5. Egly, Schönenberg.
6. Fassbind, von Schwyz, verfolgt mit Michael Keiser von Zug den Kleinhans Kambli, der das Zürcher Panner rettet. Bull. III, 131.
7. Frank, Hans.
8. Giger, Hans.
9. Grüniger, Joseph.
10. Gugelberg, Vogt.
11. Hanffgarter.
12. Harder, Michel.
13. Hermann, Martin.
14. Hemmer, Vogt, wird von Ammann Reding vor der Schlacht als krank entlassen und scheint durch seine Rückkehr gegen Zug zu in Verdacht und darum in Process verwickelt worden zu sein.
15. Husswirt, Martin.
16. Kalchoffner, Hans.
17. Karer, Thoni.
18. Keller, Thoni.
19. Kerengerter, Thoma. Derselbe mit Pannermeister Kerengerter?
20. Kerengerter, Hans.
21. Kriemss, Vogt von.
22. Küfer, der.
23. Lilly, Felix.
24. Lindower, Martin.
25. Mürdi, Martin.
26. Nall, Moritz.
27. Nüsy, Hans.
28. Offner, Andreas.
29. Radhelder, Werni.
30. Reding, Ammann, im Zeugenverhör bereits als „selig" bezeichnet.
31. Rickenpach, Hans.
32. Rychmuth, Gilg, Landammann und Hauptmann der Schwyzer. Bull. III, 114. Hertenstein. Zuger Bericht fol. 3. Tschudi 185. Im Jhrstb. Menz. heisst er Hartmann R. und wird wie bei Tschudi p. 191 vom Kriegsrath zur Abmahnung v. Jauchs Angriff nachgeschickt, greift aber dann selber mit in denselben ein. Er siegelt die vom Schlachtfeld versandten Briefe im Namen aller V Orte, so den Siegesbericht nach Luzern.
33. Ryser, Hans.
34. Sattler, Pankratius.
35. Schlosser, Jakob.
36. Schmied, Hans.
37. Schoren, Hans.

---

[1] Vierzehn Namen von gefallenen und an Wunden gestorbenen Urnern gibt das Jahrzeitbuch Schachdorf; sie gehören aber beiden Gefechten dieses Krieges an, ohne dass die Theilnehmer an der Cappelerschlacht besonders bezeichnet wären.
[2] Wo keine Quellen angegeben sind, kommen die Namen aus dem Schwyzer Zeugenverhör (s. Litteratur).

38. Schorer, Hieronymus, Pannerherr der Schwyzer. Zuger Bericht fol. 4. Bull. III. 114. Tschudi p. 185.
39. Schriber, Werni.
40. „ Meinrad.
41. Schübel, Gallus.
42. Schyffli, Alexander.
43. Tuchscherer, Hans.
44. Vischli, Uli.
45. Ziberig, Mathis.

V. Unterwalden.

1. Anderhalden, Andreas, soll nach einer Quelle Zwingli getödtet haben, vrgl. p. 42.
2. Blättler, Claus, geb. 1499, nimmt als 32jähr. Kriegsmann an der Schlacht theil, wohl mit vielen seiner Landsleute in der Vorhut. Nach den von ihm im 84. Lebensjahre gemachten Angaben setzte der Stadtschreiber Renward Cysat am 6. Aug. 1583 eine Schlachtbeschreibung auf (s. Litt.). Das Geschlecht der Blättler ist noch jetzt weitaus das grösste der vier Geschlechter Hergiswyls; auch fehlt es nicht an Claus B., da Nikolaus von Myra, Patron der Fischer, in Hergiswyl Kirchenpatron ist. Ueber unsern Claus Bl. kann Näheres nicht mehr festgestellt werden, da nach gef. Mittheilung des Herrn Pfr. J. Th. v. Deschwanden in Hergiswyl die dortigen Protocolle beim Pfarrhausbrand 1825 verbrannt sind.
3. { Juckinger, vrgl. Vokinger. Vokinger, Hans Melcher (?), tödtet Zwingli, vrgl. p. 42. Im Jhrztb. Mens. die Form Juckinger.
4. Wirz, Niklaus, Pannermeister von Unterwalden. Zuger Bericht fol. 4. Tschudi p. 185. Bull. III, 114.
5. Zelger, Marquart, Landammann nid dem Wald, Hauptmann von Unterwalden. Bull. III, 114. Tschudi p. 185. Zuger Bericht fol. 3.

VI. Zug.[1])

a. Aus der Stadt.

1. Appenzeller, Klaus.
2. Bachmann, Seckelmeister.
3. Bader, Peter, Knecht zur Stuckbüchse des Math. Stocker.
4. Bär, Hans.
5. Bärtschi, Uli.
6. Bengg, Banmeister.
7. Bennower, von Steinen.
8. Blunschi, Martin.
9. „ Hans.
10. Bolsinger, Hauptmann, von Zug, soll mit Jauch und Caspar Göldli zum Angriff noch am Abend des 11. Octobers gerathen haben. Stettler, Schw. Chron. II, 48.
11. Bossard, Oswald.
12. † Brandenberg, Hans. Nach Jahrzeitbuch Neuheim in der Schlacht gefallen. Vater des Ammann Wolfgang, Stadlin Zuger Chronik. Note 317.
13. Brandenberg, Hans, von Oberwyl.
14. „ Heini.
15. „ Junker Jakob.
16. „ Martin.
17. „ Peter.
18. „ Werni, Verordneter zum Panner.
19. „ Stoffel, Sohn d. Vorigen.
20. Büchsenschmied, Jörg, Knecht zur Stuckbüchse des Marx Toss.
21. Bürgi, Oswald, Knecht zur Stuckbüchse des Heini Imhof.
22. Dachelhoffer, Jörg, zu einer Hakenbüchse verordnet. Sein Knecht ist Hans Rott.
23. Dischmacher, Jakob und
24. „ Stoffel.

---

1) Fast das ganze hier folgende Verzeichniss der Auszüger von Stadt und Vogtei Zug entstammt einem im Zuger'schen Archive liegenden Kriegsroddel (s. Litt.). Andere Quellen sind ausdrücklich angeführt. — Wo zwei sich folgende Namen mit „und" verbunden sind, geschieht es nach dem Wortlaute des Roddels, der, während er sonst nicht den Geschlechtsnamen folgt, durch diese Verbindung wahrscheinlich Verwandtschaftsverhältnisse andeutet. Das Verzeichniss ist unvollständig.

25. Dischmacher, Jörg.
26. „ Wolfgang.
27. Drüer, Uli, Knecht zur Hakenbüchse von Winklers Knecht.
28. 29. Eberhart, Jakob u. sein Knecht, zur Hakenbüchse des Bartli Götz verordnet, und
30. Eberhart, Ludwig.
31. „ Uli.
32. Effinger, Hans.
33. Egli, Bastian.
34. Eichholzer, Uli.
35. Elsinger, Rub, zu einer Hakenbüchse verordnet. Sein Knecht ist Weber von Walchwyl.
36. Fridlin, Andreas, zu einer Hakenbüchse verordnet. Sein Knecht ist Gilg Weber am S'ad.
37. Fuchs, von Walchwyl.
38. Gletli, Jakob.
39. Götz, Bartli, zu einer Hakenbüchse verordnet. Als Knecht dient ihm Jakob Eberharts Knecht.
40. Güder, Michael.
41. Günthart, am stolzen Graben.
42. Gugelutz, Knecht zur Hakenbüchse des Oswald Küng.
43. Haberer, Jakob.
44. Hans, Herr, bei St. Oswald (Stadtkirche).
45. Hediger, Laurenz.
46. Heini von Uri, Knecht zur Hakenbüchse des Uli Zürcher.
47. Herster, Wolfgang.
48. „ Jost.
49. Holenstein, Jörg.
50. Hünenberg, Anton..
51. „ Kaspar.
52. Hüssler, Hans.
53. Huber, Uli, in Pflugers Haus.
54. Hungli, Anton.
55. „ Hänsli.
56. „ Michael.
57. 58. Hutmacher, Wolfgang und sein Knecht.
59. 60. Jakob, Vogt, und sein Reitknecht.
61. Jans, Peter.
62. „ Hans.
63. Jörg, Alexander.
64. „ Seckelmeister.
65. Imhof, Heini, zu einer Stuckbüchse verordnet. Sein Knecht ist Oswald Bürgi.
66. Kaufmann, Jakob.
67. Keiser, Michael, Jakobs Sohn, verfolgt mit Fassbind von Schwyz den Kleinhans Kambli, der das Zürcherpanner rettet. Bull. III, 131.
68. Keiser, Michael, und
69. Keiser, Melchior, sein Bruder.
70. 71. „ Wolfgang, zu einer Stuckbüchse verordnet mit Jakob Rickenmann als Knecht — u. sein Knecht zu Oberwyl.
72. Keritz, Heini.
73. „ Simon.
74. „ Uli.
75. Kilchhofer, Rudolf.
76. 77. Kilgi, Oswald, Verordneter zum Panner und sein Sohn.
78. Kloter, Konrad.
79. Kolin, Jakob und
80. „ Wolfgang.
81. „ Hans.
82. „ Wolfgang, Pannermeister. Zuger Bericht fol. 4. Tschudi p. 185. Bull. III, 114.
83. Kühirt, Germann.
84. Küng, Oswald, zu einer Hakenbüchse verordnet. Sein Knecht ist Gugelutz.
85. Kürsiner, Quirinus.
86. Landtwing, Anton.
87. „ Christen.
88. „ Jakob und
89. „ Michael.
90. Lemann, Wolfgang.
91. Letter, Hans.
92. Luchsinger, Bartli.
93. „ Baschi, der Küfer, Knecht zur Hakenbüchse des Weber am Stad.
94. Metzger, Konrad.
95. Metziner, Hans, Verordneter zum Panner.
96. Meyer, Beat.
97. „ Hans.
98. „ Hans.
99. „ Jörg.
100. Moos, Rudolf, Verordneter zum Panner.
101. Moos, Hans, sein Sohn.
102. Morgand, Peter.
103. Müller, Blasius.
104. „ Färber, Seckelmeister, zu einer Hakenbüchse verordnet. Sein Knecht ist Konrad Schriber.
105. Müller, Michael.
106. „ Oswald, von Inwyl, verordnet zu einer Hakenbüchse. Sein Knecht ist Andreas Messerschmid.
107. Müller, Peter.
108. „ Werni.
109. Muos, Hans.
110. „ Thomas.
111—113. Murer, Albrecht, mit zwei Knechten.
114—116. Murer, Meister Ulrich, mit zwei Knechten.
117. Othmar, Haasen, Sohn, Knecht zur Hakenbüchse des Hans Stocker.

118. Othmar, Jakob.
119. Oswald, Balthasar.
120. „   Michael.
121. „   Wolfgang.
122. Pfiffer, Jakob, bei den Spielleuten.
123. „   Kaspar.
124. Pfister, Hans.
125. „   Martin.
126. Pfluger, Peter.
127. Rickenmann, Jakob, Knecht zur Stuckbüchse des Wolfgang Keiser.
128. Riethmann, der, sprach angeblich gegen die Rücksicht, wegen des Unschuldigen Kindleintages den Angriff zu verschieben, indem vor den jüdischen die unschuldigen Weiber und Kinder zu Hause in Betracht fallen sollten. Mscpt. bei Anton Acklin, citiert bei Stadlin, Zuger Chron. Note 304.
129. 130. Riffli, Heini und Michael sein Knecht.
131. Riffli, Wolfgang.
132. 133. Roggenmoser, Erni, Verordneter zum Panner und sein Sohn.
134. Roggenmoser, Uli.
135. Rott, Hans, Knecht zur Hakenbüchse des Jörg Dachelhoffer.
136.†Rottenschwyler, Philipp, nach Jhrstb. Neuheim in der Schlacht gefallen.
137. Rümpi, Sigmund.
138. „   der alt.
139. Sachs, Bartli.
140. Sattler, Jakob und
141. „   Heini.
142. „   Laurenz,
143. Schell, Jakob und
144. „   Oswald.
145. „   Michael.
146. Scherer, Meister Klaus.
147. Schicker, Hans und
148. „   Adrian.
149. Schlumpf, Heini.
150. Schlosser, Hans.
151. Schmid, Albrecht.
152. „   Hans, im Dorf, Verordneter zum Panner und
153. „   Peter.
154. „   Heini.
155. Schneider, Hans, von Sempach.
156. „   von Bremgarten.
157. Schnorenberg, Heini.
158. 159. Schönbrunner, Heini und Thomas sein Knecht. Heinrich Schönbrunner war Fourier bei den Zugern, Actenstück (citiert bei Stadlin, Zuger Chron. Note 329) sub 16. Apr. 1532. Er gewinnt Hans Anderes um eine Krone zur Auskundschaftung der Zürcher Stellung. Stadlin Zuger Chron. Note 299. Sein Diarium s. Litt. und Kritik der Quellen.
160. Schönbrunner, Jakob.
161. Schonenberg, Hans.
162. Schott, Jakob.
163. Schriber, Konrad, Knecht zur Hakenbüchse des Färber Müller.
164. Schüwig, Hans, bei den Spielleuten.
165. Schwarzmaurer, Herr Jost.
166.   „   Sigmund.
167. 168. Seiler, Rudolf u. sein Knecht.
169. Seun, Hans und
170. „   Oswald.
171. Sigrist, Hans.
172. Speck, Jakobs, Sohn.
173. Spillmann, Bartli, zu einer Hakenbüchse verordnet. Sein Knecht ist Hans Stünsi.
174. Spillmann, Michael.
175. Stadler, Hans und
176.   „   Erni, sein Sohn.
177. Stadlin, Thomas.
178. Stiffel, Deus.
179. Stocker, Meister Bartli.
180.   „   Junghans.
181.   „   Kaspar.
182.   „   Mathias, der alte, zu einer Stuckbüchse verordnet. Sein Knecht ist Peter Bader.
183. Stocker, Hans, des Vorigen Sohn, verordnet zu einer Hakenbüchse. Sein Knecht ist Hans Othmars Sohn.
184. Stocker, Mathias.
185.   „   Paul.
186.   „   Thomas.
187. Stockli, Hans und
188.   „   Peter.
189. Stoll, Hans.
190. Strub, Hans, der Weber.
191. Studer, Michael.
192. Stünsi, Hans, Knecht zur Hakenbüchse des Bartli Spillmann.
193. Töder, Peter.
194. 195. Toss, Oswald, Ammann und Hauptmann der Zuger, mit Bartli, seinem Knecht. Toss findet sich bei Bull. III, 114. Zuger Bericht fol. 3. Hertenst. Tschudi 185. Mit dem Pfarrer Weingartner reitet er von Baar aus zur Kundschaft, Jhrstb. Mens. vrgl. p. 28. Verwendet sich für Schonung von Zwingli's Leichnam. Bull. III, 167.
196. Toss, Germann.
197. 198. Toss, Marx, zu einer Stuckbüchse verordnet, zu der Jörg Büchsenschmied Knecht ist, und sein Sohn.
199. 200. Tröler, Jakob u. sein Knecht.
201. Tröler, Peter.

202. Trommelschlager, Adam, bei den Spielleuten.
203. Ur, Heini.
204. Utinger, Christian.
205. „ Rudolf.
206. „ der jung, an der Letze.
207. Villiger, Mathias.
208. Vogt von Frauenthal.
209. Voster, Rudolf.
210. Wätlich, Hans.
211. Wagner, Hans, am Stad.
212. Walzhutter, Hans.
213. Weber, Gilg, am Stad, Knecht zur Hakenbüchse des Andreas Fridlin.
214. Weber, Jakob.
215. „ Michael.
216. „ der, am Stad, zu einer Hakenbüchse verordnet. Sein Knecht ist Baschi Luchsinger.
217. Weber, von Walchwyl, Knecht zur Hakenbüchse des Rub Elsiner.
218. Weckerli, Baschi.
219. Widmer, Felix.
220. „ Hans.
221. Wikart, Jakob.
222. Willi, Kaspar.
223. Wingartner, Herr Rudolf, Pfarrer in Zug, geborner Zürcher, früher Conventual zu Cappel (Bull. III, 120. Geschlechtsregister der Pfarrherren der Stadt Zug, von Pfrhelfer Wikart), reitet mit Landammann Toss zur Kundschaft von Baar gegen Kappel hinauf, Jhrstb. Mens. vrgl. p. 28. Gibt wichtige Räthe betreffend die Aufstellung. Vrgl. ib.
224. Wingartner, Jakob.
225. „ Hans.
226. 227. Winkler, Jakob und sein Knecht, dieser zu einer Hakenbüchse verordnet. Sein Knecht hiezu ist Uli Dräier.
228. 229. Winterli, Hans u. sein Knecht.
230. Wirz, Kaspar.
231. Wulfi, Seckelmeister.
232. Wunderlich, Jakob.
233. Ziegler, Konrad.
234. „ Oswald.
235. 236. Ziegler, Rudolf und sein Karrer.
237. Zimmermann, Uli.
238. Zingg, Hans.
239. 240. Zörnli, Hans u. sein Knecht.
241. Zürcher, Hans.
242. „ Rudolf.
243. „ Uli, zu einer Hakenbüchse verordnet. Heini von Uri ist sein Knecht.
244. Zumbrand, Jakob.
245. Zurlauben, Oswald, Obristwachtmeister der Zuger. Actenstück sub 16. April 1532, citiert bei Stadlin, Zuger Chron. Note 329.

b. Aus den Vogteien.

1) Von Steinhausen.

246. Borsinger, Joachim.
247. Meyer, Mathias.

2) Von Cham.

248. Bucher, Hans, von Niedercham.
249. Hess, Vogt.
250. Müller, Lienhard.
251. Lang, Markus.

3) Von Hüneberg.

252. Fildenen, Hans zu.
253. Golder, Hänsli.
254. Weiss, Wolfgang, Rudolfs Sohn.

4) Gangoldschwyl.

255. Fäger, Rudi.
256. Gügler, Hans.
257. Keiser, Peter.
258. Stuber, Wolfgang.

5) Walchwyl.

Fuchs (s. Nr. 37?)
259. Metzner, Jakob.
260. Müller, Bartli.
261. Suter, Oswald.

c. Aus den äussern Gemeinden.

1) Mensingen.

262. † Bär, Lorenz, von Oelleg. In der Schlacht gefallen. Jahrstb. Menz. Als Bürger von Neuheim bezeichnet ihn das Jahrstb. Neuh.

263. † Meienberg, Martin. In der Schlacht gefallen. ib. Mit dem Beisatz „vom Hinderberg" auch im Jhrstb. Neuh.

2) Aegeri.

264. † Klein Kaspar Heinrich, in der Schlacht gefallen. Jhrstb. v. Aegeri u. Neuh.

3) Baar.

265. Meyenberg, Jakob, erobert ein Fähnlein der Zürcher (wahrscheinlich dasjenige von Andelfingen, vrgl. Bull. III, 158) und tritt es der Obrigkeit von Zug um 100 Pfund ab. Actenstück sub 16. April 1532, citiert bei Stadlin, Zuger Chronik Note 329.

266. Lust, Oswald, angeblich Verräther der Zürcher, weil er sich hinter ihre Front stellte und zur Flucht aufrief. Bull. III. 127.

Zusammenzug.

1. Zürich	642	Namen.
2. Luzern	9	"
3. Uri	3	"
4. Schwyz	45	"
5. Unterwalden	5	"
6. Zug	266	"
Summa	970	Namen.

Anhang ungedruckter Quellen.

I. Peter Füssli.

Fol. 1 a) Am Zinstag nach Sant Dionisij Tag, was der sehende Tag Wynmonat, im 1531. Jahr, zog Junker Georg Göldj mit seinem Fendli auss, vnd was Ich sein Büchssen Haubtman.

Vnd als Ich mit Ihm für das Thor hinauss ritt, fragt Ich, wor Ich mit den Büchssen faren söt, wen Ich nahen kem, den die Ross warend nach nit kommen, die zum Büchssen hörtend, den man in der eil müsst vff syn. (fol. 1 b) Also seit Er mir, Ich solte mit gen Knonau fahren. Vnd da es war zwüschet zweyen vnd drüen, da warend die Büchssen gerüst vnd fuhrend wir darvon.

Vnd als Ich mit den Büchssen Meisteren, vnd Karreren ritt, seitend sy, war sy fahren müsstend? Da seit Ich gen Knonau.

Da meintend etlich wir müsstend gen Capell. Vnd als wir gen Wollishofen kamend, schikte Ich ein Boten gen Knonau, dass er den Haubtman fragte, war Ich fahren müsste, vnd mir die antwort auf das Albiss brechte, denn wir nit weiter mochtend gefahren. Also ritt Ich voranhin, vnd hiess vns zurüsten.

Vnd als Ich den Berg vf fuhr, stürmt man in etlichen Kilchhörenen, vnd es nacht was, da kam das geschütz nahin, vnd etlich lang in die nacht, denn sy mochtend nit all vfhin kommen, denn dass sy einanderen müsstend fürsetzen, vnd ob wir anfiengend essen, da kam mir ein Bott vom Haubtman, dass wir sotend gen Capel faren, vnd vor Tag da syn.

Vnd da wir gaassend, vnd ein wenig rastend, fuhren wir darvon, dass wir zwüschet zweyen, vnd drey uhren vor Tag zu Capel warend, vnd gieng Ich zum Haubtmann, vnd fragt ihn, war Ich (fol. 2) mit dem geschütz hin söt. Da seit Er, Ich söt zum Huber, vnd war er mich es hiesse thun, das solte Ich thun. Das thet Ich, vnd fragt ihn, was für anschläg werind, oder seit mir's sonst, Je er seit mir dass sy gewüsse warnung hetend, wann man sich in's Closter beite, so wetind sy vor Tag da syn, vnd sy überfallen, vnd das Closter vmblegen. Darum wetend sy vf dem Bühel, der denn ob dem Closter ist, ihrer warten, denn sy hetind da ein guten vortheil, vnd zeigt mir denselben vortheil an, wie er denn was, vnd seit, wenn der vortheil nit gut gnug mocht syn, so were darhinder nach ein besserer vortheil, darby liess Ich's blyben, vnd blybend also da.

Vnd da es anfieng dem Tag nahen, da zog der Haubtmann auss dem Kloster, vnd macht die ordnung, vnd zugend hinder das geschütz, biss zum Imbiss, da giengend etlich abhin gen essen, wie es sich denn gab.

Vnd vmb mitten tag fürt Hartman Apoteker selig ein andere wacht vf, vnd blibend wir vf dem bühel.

Vnd als nach mitag ward, dunkt vns vnser wacht were vsrüwig mit wider vnd für laufen, vnd lugtend ihnnen eigentlich, also zugend sy bald ab, vnd sahend wir (fol. 2 b), dass sich die feind liessend durch's holtz vsshin sehen. Also wartend wir ihnnen, vnd vnlang darnach kam der Trummeter mit dem Absagbreif, da losste Ich auch zum theil was er laute, dann mir ward darvon grüft von der Büchsen wegen, dass Ich's nit alles möcht hören.

Vnd nach demselben kam das Panner, dass Ich nit eigentlichen mag wüssen, wenn es kam, dann Ich gesach's nit zu vns ziehen.

Vnd als sy sich vss dem holtz liessend, dass wir sy meintend zu erlangen, da fiengend wir an zu ihnnen schiessen, vnd sy zu vns auch, das wäret nun eine gute

Zeit, vnd als vnsere ordnung zum theil lag, von des geschützes wägen, da redt mein Schwager Lienhart Holtzhalb, es sind da gesellen, die meinend es sey ein besser vorthel dahinden, da man besseren vorthel inn het denn da.

Also gieng Ich zum Haubtman Göldj, vnd zum Haubtmann Lavater, vnd Haubtman Wilhelmen, vnd was der Zwinglj by ihnnen, all by einanderen, vnd seit ihnnen, es wer ein besseren vorthel dänn dar[1]), da wetend gesellen gern daryn; da gebend sy mir die antwort: Sotind sy die ordnung vmbkehren, so zerlufind die knecht. Da seit Ich: Sotend sy fliehen, oder zerlaufen, weil sy nach kein find händ, so gestand (fol. 3) sy nit wenn der feind komt. Das stund nun aber inn, vnd flengend die feind etlich hinder vns kommen; da redt Ich aber mit den Haubtleuten, dass sy in den vorthel zugind. Es half aber nüt vnd fieng sich der Feind an meeren vnd neheren, vnd schussend vns etlich gesellen im Buchwäldli.

Da seit ich zun Büchssenschützen, die zu vnserem geschütz hörtend etlichen; Liebar, richtend die Büchsen in das Buchöltzlj. Da warend etlich vss dem freyen amt, die wetend gar nit lan daryn schiessen, vnd ihr knecht werend im höltzlj, wenn man daryn schusse, so schusse man die ihren. Da seit Ich: so schüssend ein schntz, oder zween oben in's holtz, so göhnd vnser knecht daruss; wofür ist es dass Ihr die Büchsen gegen Capel richtend, vnd aber die feygend nit da sind. Das seit Ich ihnnen zum anderen mal, aber es half nüt.

Es wot auch nüt helfen, was ich ihnnen vom vorthel geseit het, dass Ich vf den Esel sass, vnd leit mich zum Hartmann Apoteker vor in die ordnung. Da batends mich, Ich sölte vf die linke Hand mehr harnist stellen. Vnd wie Ich es thun wolt, so rüft mir Rodolf Ziegler, der der Spiessenhaubtman was, vnd fraagt was Ich thun wete? Da seit Ich Ihm, Ich wet mehr harnistknecht vf die seiten führen. Da seit er mir: Hör nun vf, denn Ich han es schon versucht, Icb kan aber keinen fürhin bringen: Darby liess Ich es bleiben. Nun kam der Zeug, der zum Panner hört, nahin, vnd kamend vier ringe Stuck (fol 3 b) Zu denen lüff Ich, seit war sy schiessen sötend. Als die dry wol gestelt warend, by denen Ich was, vnd geschauet den vorthel, vnd zeigt ihn den Haubtman Lavater, vnd dem Haubtman Wilhelmen auch, vnd seit zum Haubtman Lavater, Ihr dörfend nit dänken, Ich wil wol so gern das best thun als eüer einer, mit mehr worten, denn Ich forcht das misstrauwen. Da seit er, Ich glaub's, denn es trift das Vaterland an; vnlang darnach kam Ich wider zum Haubtman Lavater, vnfeer von des Vögelis büchssen, da seit Ich zu Ihm: Haubtman, wie komts dass ihr nit in den vorthel ziehend? Da seit er: Der Jörg Göldj wil mit Jenen[2]), ie zulest fürt Ich den Jörg Göldj auch in selben vorthel, vnd mein die anderen werend auch darbey, da er ihn sahe, da seit er, es wird gut syn. Da seit Ich ihm, man mag eben an dem ort ynen schiessen. Da seit er, es gilt gleich, da muss man webren. Da seit Ich, es ist nit minder, wenn wir ab dem Bühel ziehend, so mögend sy mit ihrem geschüts auch daruff kommen, denn Ich het gern mein ding eigentlich, wie es gangen were, dass Ich nit het müssen die schuld han. Also seit Haubtman Göldj, es wird gut hie syn, nüt mehr vnd gang, vnd führ die ordnung her. Da gieng Ich zu den Fuhrleuten, vnd hiess sy zu dem geschütz fahren, vnd ynsetzen, vnd seit zu den Büchsenmeisteren, die zu meinen Büchssen hörtend, sy (fol 4 a) sotend sy rüsten, vnd der ordnung nachfahren, vnd die Büchssen laden.

Nun hat sich die ordnung im selben kert vnd sich gegem Buchhöltzlj gestelt, da fand Ich mein Spiess nach an seinem ort stahn, wie Ich ihn vor zum Hartman geleit, den nam Ich, vnd redt mit denen, die im forderaten glid warend; Es wer der Haubtleuten meinig, dass man in den vorthel wete ziehn, darum so wurd man die ordnung also lan bleiben, vnd sich mit der vmbkehren, vnd also hindersich ziehn. Ich seit ihnnen auch, dass Ich mit den Büchssenschützen geredt, dass sy der ordnung grad nach wurdend ziehn, vnd ob etwer im selben innen vns[3]) kem, dass wir nüt destminder gerüst werind, denn wir hatend nit 2 armbrustschütz weit in den vorthel,

---

[1]) Copie des Originals: „ein besserer Vortel dann der"
[2]) Copie des Orig.: Der Jörg Göldli will nit ziehen.
[3]) Copie des Orig.: und ob etwar im selben in uns käm.

vnd wusstend auch nit, dass sy so stark im holtz lagend den ¹) zu scharmützen, als sy lang thatend.

Und als Ich hinderhin gieng, vnd die ordnung führen wet, da kamend etlich Freyämter an mich, vnd wetends nit lan geschehn, sy wetend da warten, zu denen seit Ich, die Haubtleüt hetends geheissen, denen sotend sy ²) sagen, Ich wet einmal thun, was sy mir befolen hetend, vnd gahn im selben hinden an die ordnung, vnd seit, wellen well mir helfen die ordnung führen, vnd ob mir keiner antwortet ³), da warend die (fol. 4 b) feigend da, vnd fiengend anfangs ⁴) schiessen. Also liefend etlich gesellen, die im vorthel gesyn warend, zu vns, dass wir nacheinander ⁵) zwey glid hinden an die ordnung machtend.

Es was auch ein ordnunglj hinder uns gesyn, kamend auch widerum har, vnd bald wider an weg, aber an vnser ordnung lagend wir, dass das geschütz übergieng vnd wenig schaden thet. Es wäret aber ein gute wyl, vnd fieng man an in sy laufen: da warend vnser vil hinden an der ordnung, wie es sich denn angeschikt, vnd gen hat, die lüffend vf der linken hand an der ordnung ynhin, deren schlug der ein Theil in die ordnung zu den fordersten, die anderen lüfend an der ordnung für über das Riedt an sy, vnd ein Theil entweris an sy, bey denselbigen blib Ich. Da schlugend wir sy zum anderen mal, dass sy wider gegem höltzlj wichend, aber sy fiengend sich an sterken, vnd truktend widerum, vnd die schlacht mächtig in beden ordnungen an einanderen mit werfen gegen einanderen, wie ein hagel, dessgleichen mit hauwen, stächen vnd schlahen, dass Ich glaub dergleichen kaum gesehen sey. Vnd kam der Herr von Capel auch widerum, wie er mit den andern fürgeschossen was, vnd was wundt, vnd lüf zwüschet mir vnd den feinden an ihr ordnung (fol. 5 a) hinder sich. Wie Ich stächen wot, kam er mir grad für den spiess, da lugt er schnell vmbsich, vnd vermeint, er ⁶) wer ein feind vnd als er mich kant, da sprach er zu mir, nüt denn redlich dran, damit fur er für.

Vnd als Ich entweris an der ordnung was, dass Ich mocht die ordnung hinder mir sehen, da fluhend ein Theil seitlich vnd besonders von der kleinen ordnung, vnd als es ein gut wyl währet, vnd sich hinden abzoch, da kartend sy sich hinderem Panner vmb, zwüschet dem Panner vnd den hindersten in der mit, vnd fluhend. Nun warend zween an mir, der hat der ein dannis Schäpelj vf, vnd sonst nüt, der ander war ein Junger gesell, die warend an widerkeer, wie sy wider vom holtz truktend, zwüschet mich vnd die ordnung kommen, vnd ein mossgraben zwüschent ihnen vnd mir, da sy nit gern daryn giengend, vnd Ich, der macht mir so vil schirm, dass Ich iedemalet (?) möcht nebent sich gesehen, wie es gieng. Da redt der im schäpelj: wo hend wir die kuh geheidt? Im selben nimt die ordnung ein ruk hinder sich, vnd fieng an hinder sich weichen, vnd an der erste, mitenklich, denn die am vmbkehren die forderisten warend. (fol. 5 b.)

Vnd da es also zu gantzer flucht kam, da floch Ich auch grad entweris über das Riedt, vnd versach mich auch wol die mir nachylen wurdend, möchtend bass zufuss denn Ich, vnd lugt einmal oder drü hindersich, wenn sy mir nahetind, dass Ich mich weeren musst, vnd dacht: Herr Gott hilf! als er auch thet, vnd kam darmit an graben ob dem zun, da was einer mit dem fändlj vor darinn, vnd ihren etlich vnd handlet einer den fendrich gar übel, was Er so zeitlich da thete? Da seit er, Ich bin eben wo ander leüt seyind. Aber Ich sprang am Spiess über den graben vnd wie Ich lüff, do ruft mein gefater Bernhart Utinger zu mir, den fragt Ich zum ersten: Ist mein Sohn nit im feld? Da sagt er nein, denn Ich hat's ihm verboten, biss ihm der Bernhart erlaubte und forcht, er hets nicht gehalten.

Also lüfend wir gegem Buchhöltzlj zu, das gegen Hängst vnd Husen ist, vnd als wir in's Buchhöltzli kamend, so sind etlich der feinden vnderis, vnd stachend einen voris nider, der sprach, Ich bin ein frömbd fründ, vnd als man den anderen nach, da hat er ein dannast auf, also ward er gleich geleit vnd weiss also (fol. 6 a)

---

¹) Copie des Originals: dann.
²) ibid.: sie es sagen.
³) ibid.: und mir keiner antwurt, da warend etc.
⁴) ibid.: anfahen.
⁵) ibid.: nach ein oder zwey Glid.
⁶) ibid.: es.

uit, war die anderen kamend. Ich weiss anch nit, wie's vnderis kon warend, denn wo's Gott nit mit vns gehan hete, betinds wol mögen in die hindersten gestochen han, vnd fürgelofen syn. Also luffend wir durch's hültzlj vnd über die maten gegen Husen zu, da hielt Hanss Schmid, vnd des Haubtman Lavatern knecht, da seit sein knecht, Ich gesehe mein Herren. Da giengend wir durch bed gäter, vor an's dorf den berg auf.

Nun was nit minder, ich möcht nit mehr wol gohn, wenn Ich ein wenig gieng, so musst Ich gerawen, oder aber ich mocht nienen hinkommen. Nun was mein Palj[1]) auch ennert dem dorf zu mir kommen, vnd was einer by vns, der seit, er wer ein Pfrunder, des Pfrunders von Küssnacht bruder, der namt sich, dann Ich ihn nit bekent vnd gieng nach ein Jüngling mit vns, was von Ossingen, hiess Hans Brid, als Ich erst nahin vernommen. Da redt min Palj zum selben, wit ein batzen uen, vnd dem den harnist vf den berg tragen, meint Er mich, da seit Er Ja, da gab Ich ihn ihm, vnd fraagt ihn nit, wie er hiess, vnd seit ihm nit, wie Ich hiess, denn dass Ich hernach vernam, denn Ich meint nit dass er von mir kem, vnd zugend also vf den berg.

(Fol. 6 b.) Vnd als wir darauf kamend, fundend wir den Haubtman Lavater, vnd den Hans Schmid by ihm, vnd den Hanss Reinhart, dass mich wunder nam, wie Er mit den Rossen dahin komen.

[Schnabelberg. Böser Weg. Gattikon (Mühle).]

II. Hans Huber von Tiefenbach.

„Nachdem ir mine herren Burgermeister vnd Rät verornet hand meister Heirich Beyer in das fry ampt vnd im befolen, do ze warten, ob sich die fünff ort gegen vns kricklichen erbören welten, sötte er sölichs üch minen Herren zuo schriben; ouch sött er mit hilff gelegne bletz erkiesen, so die ampt lüt nod anstiess, das si wüssten, wo si ein anderen besuchen sötten; ouch sölichs ist m. H. ze capell befolben, gott tröst vns all. — Demnach sind von inen ettliche amptlüt berüft; do wurden söliche bletz vssgangen, so vns amptlütt nod beträf. — Demnach ward von inen brüfft vogt bruder vnd ich; do beschouwten wir den blatz ob dem kloster, im holz vud dornebet; do sprach citer, mich bedücht nod sin, so man disen blatz behalten wett, so bald man innen wurde, das der vyend vff vnseren grund rucken wett, sott man den wald verfellen, vssert der mitte bis an ein furd, do die strass hindurch gadt; den sött man lochen lassen, bis man witter tüchte, ouch dorbi were ein herlicher bühel im holz, ettwan vngforlich ein halben stein wurff hinder der letze; do stand vil stechbalmen, (die) sött man abhouwen vnd ein letze rüsten vnd die haggenschütz(en) dorhinder stellen, so möcht niemand hindurch comen, vnd also gestund es ein zitle. — Demnach ward von ettlichen gerett, der vyend möcht vilicht vns über illen, so wir nit fersamelt wärend, so stünden wir zo ver vor; könnten wir ein blatz bas hinder denen grebnen vinden; do ward der ander bestimbt ins herren weid, dem münch büj, hinder dem rein, ouch so man tücht, sötte man die matten, do die schür stat, ouch inn han, vnd also wurden die bede blütz zum tickeren mal besehen, vnd also gestundz bis vff zinstag (10. October), do houptma güldi vff dem abid mit sin vennli hinnskam. — Er aber vnderkam, warts also abgrett, bis vff min herren den houbtman vnd sine mithafften, wie sie im dann teten, hätte sin weg, Wir wetten den hindern blatz behalten vnd vor dem Rein har ein grossen graben vff werffen, bis an die matten hinan vnd die eichen vff dom bühel abhouwen vnd an graben thuon, vnd die ornig vnd das gross geschütz hinder den büchel vnd schantz stellen; aber die haggen vnd handschützen sötten vff dem vordern blatz sin vnd mit dem vyend machen (sic), diewil si (gut) düchte, dann sötten si hindersich wichen, ouch hinder die schantz, vnd vff die anschleg beschickten wir vss den törfferen houwen, spatten, schuflen vnd vast vil achsen, wo vnd wie man si bruchen wett, das mans hätt; in dem camend vnsere herren, dann es kont abid sin. — Do nun honbtman göldi mit sinen mithafften vff den vorderen (platz) cam, wurden im

---

[1]) Herr Bullinger heisst disen: Paulus Haller.

söliche anschlcg anzöngt; do sprach er, ich wil hinicht mals kein anderen blatz me besehen dann disen, dann er gfallt mir, vnd wil in han vnd kein anderen; ob er aber nachmals den hinderen blatz besehen hab, weis ich nit; vff sölichs ward alle rüstung vf den vordern blatz geornet bis mitwuch; nun do am morgen frü am tag bies mich houbtma göldi, wo vm den keller böum weren, deren eest vns iren möchten, sött ichs abhouwen, das beachach. — Vnd also warteten wir vff dem vorderen blatz, bis vns der vyend anzog vnd vff vns schon; do schussen wir ouch vnd ouch so vast, das ir vorbnot im nünv guot vnd hagenweid hindersich weich, vad trungend vnden dur gegen dem kloster; in dem schrey honbtman göldi, hörend schiessen, ab dem die schützen ein treffelichen vnwill namend vnd vermeinten, es tete vast nod, die wil der vyend also starch vff vns trang; aber er sprach, hörend schiessen; dann sött es üd weren, so hätten wir kein zug, aber rüsten üch wol, so si vor an vns comend, das ir dann wol grüst sigind; do zogen si (die vyend) by dem closter hinof; nun in dem vnd vor dem ward honbtman göldi treffenlichen angrüfft, lassend den wald verfellen oder mit ettlichem zug hininzühen; er sprach, allmechtiger gott, ich can den züg nit teilen, dann vnser ist ze wenig, vnd also beschach entweders, vnd nach dem luffend ettlich ins holz; in dem ward ich angrüfft, ich sött inen gschütz ins holz schicken; do lof ich zu minen gesellen den ampt schützen, die verggeten xvj haggen, vnd sprach, lonffend ilentz is holtz vnd haltend üch als biderb lüt; do wustend si illents vff vnd gegen dem holtz; die vorderisten wülsten hinin, aber der merteil ward hie ussen bhalten, von wem aber, weis ich nit, dann ich ilīt wider der büchs zu, vnd also schussend wir zu beden sitten gegen einanderen ein gute wil. — Do kam houbtma göldi abermals zu mir vnd sprach, Hans, ston die büchs vff und segs ouch dinen gsellen vnd schick illentz nach den rossen, dann wir wend mit der ornung hindersich wichen vff den hinderen blatz; do gab ich vnzüchtlich antwort, als sich eim buren wol zinbt vngschickt sin, dann ich wol wusst, das der vyend vns vff dem hals was; do sprach er, min herren hand sich dess erkend; do sprach ich, das möss gotz liden erbarmen, das wir erst der speten zit hindersich wichen wellen, vnd wir wol wüssen, das der vyend vns vff dem hals ist, dann wir von inen im hindersich zühen geschlagen werden, vnd wir vns nit gweren mögen; do sprach er witter, ich can im nüd tuon vnd weis im nüd me ze tuon, dann mine herren hand sich des erkent; do was ich vast vnwillig; do gieng er von mir hinderbin gegen der hauffbönten, vnd gsach in nit mo. — Do kart ich mich wider gegen der büchs, dann ich gieng im engegen, das ich ein wenig vor der büchs was, vnd gedacht, du must wol ghorsam sin, vnd erwüst die büchs"... (Folgen Details über deren Wegschaffung mit dem Knecht); do schussend si (die vyend) uss dem holz.... Demnach endet es, dass gott im himel klagt sy."

III. Golder.

Dissers harnach volgendt jst Erstlichenn beschriben worden durch denn Eeren vesten wyssen Jonncker Hannsen Golder der zytt altter Schulthess zu Luzern, auch ein houptman jn dissem krieg vnd zug.

[Einleitnng über das Jahr 1529. — Absagbrief der V Orte an Zürich. — Aufbruch Montag St. Dionysii Tag. Dienstag (Messdinstag) Anfbruch mit allen Pannern gen Zug laut Luzerner Abschied.]

„Vnnd alls wier die fünff Ortt zu zug zusamen kammend, mitt sampt hundertt Eschenuthalerenn mit einem fenndlj vnnd vff dz alles kartteundt Rätth vnnd wir honpttlütt, denn anngriff vnnd die Rätth, enntlichenn zuo beschliessenn vnnd hier vff das ein mündig sind, vff den Mornderigeun tag die fennntt in dem Namen gott zuo besuochenn, auch dem schriber befelchenn, einenn absagbrieff zuo stellen vnd morndes am Mittwuchenn frü vor tag Mess hörenn, vund dann witter zu samen komen ersnochenn, was witter inn der sach zuo handlenn sye, da nun Morndes am Mittwnchenn kament wir hopttlüt wider zuosammenn, vnnd liessend denn annschlag bliben das Jedermann söltte mess hörenn vnnd ze Morgenns Essenn, vnnd dan jnn dem Namen gottes dahin zienn, man verhörtt denn absag brieff, ob er recht stnond, alls er auch recht was, schickt man do denn Trummetter vonn Lucernn mitt hinnweg, in das Zürich leger, vnnd als man zum thor vss zücht vnnd meer kameend vff deren vonn Zug allmeind, zoch jettlichs panner mitt jrem volck zusamenn, vnnd schwor man da die Ordinantz vnnd disers hernach geschribenn ist die Coppy, des absag Brieffs, wie er hernach geschribenn statt....

Vnnd alls nun der Trummetter mit dem absag brieff hinweg reitt, vnnd man vff der Zuger almend kam, wie vor statt, warennd miner herrenn lütt nitt all da, dann jnnen das sitt zno kurtz was, Namlichenn diserj Emptter willisouw vnnd Rottennburg, Enntljbuoch vnnd Russwill hatt hundertt mitt dem panner. Rottenburg hatt drü hundertt mitt dem panner. Die vonn Wallis zwey hundertt mit dem panner, Enntljbuoch fünffsig mann die kamentt aber auch glich in einer stund vnd als myner herrenn lütt vonn Stetten vnd Lanndenn zu sammen kamend, schworennd wir doch vnnsere Ordinantz, wie annder Eidtguossen vnnd macht man auch zuo den fünffsig knechten jnn die vorhuot wie annd Eidtgnossenn, vnnd macht man auch mitt denn Eschennthallerenn vnnd Redt einn jeder houpttman mitt sinenn knechtenn, so vnns gott der Almechtig denn sig wurde genn, nitt zuo begirig über sy sin, angesechenn das sy vor auch vnnser Eidtgnossenn werennd gsinn, Ob gott will widerumb werden möchtenn.

Danach hiess man mengcklichenn niderknüwenn vnnd mit zerthannen Armen fünff patternoster vnnd fünff Aue maria zuo sprechen, jnn das lydenn vnnsers herrenn Jesu Christj, das er sinn göttliche hilff vnns sendenn well, Darnff fuor man dahin, zuo den Annderen eidtgnossen, Inn dem kam der Trummetter wider vnnd zeigt ann, wie er denn Brieff vollenndett habe, doch sige er inn der Zürcher leger nit kommenn, dann man nitt hatt wellenn lassenn, Im heige aber der Brieff abgenomen mitt Namen Jörg Gallj, domallenn dero von Zürich houptman vnnd jmme darfür ein Annttwortt geben er hette sich sölichs brieffs wennig verscechenn, auch lasse er denn brieff sinn, Auch darbinn zuo dem Trummetter gesprochenn, du Magst woll hinnweg Ryttenn, vff söllichs alles zuo ruckt man do vff derenn von Zürich Ertterich vnnd macht man die vorhuott, mit fünff hundertt Manenn auch das fenndlj mit denn Eschenthallerenn darzuo, vnnd die fünff hauptpanner, der recht schlachthuffenn vnnd zoch die vff dem Berg hinfür. Das man Cappell mochte sechenn, desglichenn hinnder Cappell vff dem Reinn, die fundentss in jrenn harnischen glitzerenn, do mocht man sy nitt eigennttlichenn sechenn, wie vill sy, wie starck sy werenndt, Vrsach es warennd vill böim. Daselbs knüwt man in der Ordnung nider, nach vnnseren alttforderenn bruch, dye es allwegenn brucht hannd, wann Innenn die fienndt sichtig werenndt, so bettenndenn vnnd rüffenn gott ann in sinn göttliche hilff. Darnach liess man drü stuck büchsenn vff sy ab, war sy aber hingiengennd mocht man nit sechenn vnnd wüssen, man ruckt auch für bas hinn ab vnnd schussennd meer, die vonn Zürich schussennd auch vff die recht syten gegenn dem Closter, darnach widerumb vff die lincke syttenn vnnder dem Closter über einn Bach, da thettennd sy vnns zwen schüts inn die Ordnung, man schoss auch zuo Inen als vast sy zuo vnns; da meindtenndt ettlich gsellenn, man sölte anngryffenn, Ettlich meinttent es were doch zuo spatt, da ward vill vnd mengerley gredt, vnnd werlich die sach stuond vff ein mal nitt woll, dann es sich woll zwo stund verzoch, das sy in vnns vnnd wir in sy schussennd.

Da begab es sich, das der anngriff beschach vnnd ann ir huott binn, Onne alles schüchenn, das ist woll zuo glonbenn, das die stund da was, vnnd nit guott werj gsein früer annzuogriffenn, dann der Zwinglj vnnd ein rath erst darkommen, das sy sich dann der küllwy hettenn versumpt ghann, so man Ee hette anngriffenn, vnnd inn dem als man an ein annderenn kam, warttent sich die forderstenn ganntz mechtt vnnd vast, jndem was vnnser nachtruck so gross vnd starck, das sy hinnder Innen einn wegziechen gschach. Da namendt sy die flucht. Do das die vnnseren ersachenn, dann wir das woll sechenn mochtennt, dann wir höcher stuondent dann sy. Da ws vnser nachtruck so gross, das sy da gar muossend wychen, also trib man sy biss ann denn albis hinab, auch Ettliche Ringe knecht die Innen nach yltten bis ann denn halben albis hinnab, vnnd was da niet erdrann, das ward da erschlagenn, oder gefanngenn, man hette auch woll vill funndenn die Innen witter hinnach gernn gillt werennd, dann das mans Innen nitt gstattenn wollt, wie es dann zuouor was anngesechenn man sölte nitt zuo begirig vff sy sin, zuo dem das vnns ouch die nacht vff dem halss was, also samletten wir vnnss wider zuosammen vnnd knüwet man nider vnnd bettett man aber mitt zerthanen Armen fünff patter noster, fünff Aue Maria inn das Lidenn vnnd sterbenn vnnsers herren, zuo lob vnnd dancksagung umb sinen trüwen Bystannd, so er vnns mitt getheilt hatt, vnnd zoch man da wider hinvff Inn ir leger, da sy glegen warenndt vnnd der aanngriff beschechenn was, vnnd schlugennd da das leger, dann das es schonn nacht[1]). Da nun Morndes der tag zuo her ruckt, giengennd wir houptlütt zuosamenn in einn Ratth, wie die sach witters an die hannd were suonemenn, vff das wir vill vnnd mengerley mitt einannderen Rättig wardent, doch zuo letst wurdenntt wir Einnhellig, das man vff der walttstatt solte blibenn biss vff denn drittenn tag, wie das vonn vnnserenn Alttforderenn auch gebrucht ist wordenn. Ob dann ettwar söllicher schadenn wellte Rechenn, der wurd vons da finden, desglichenn möchtenndt wir vns auch ettlich der vnnseren verwandtenn auch gar thott funndenntt, die selben auch zuo bestattenn nach Irer notturfft, desglichenn solte man auch alle ding zuosamenn fnorenn, es werj geschütz oder Annders, das man Innenn bette anngewonenn, auch darbin das leger zuo beschouwenn, wie vill man Innen erschlagenn hette, da es nun tag wurde hatt man das geschütz vnnd annderj hab zusamen bracht Namlichenn so warennd der büchsenn vff redern Nün sechne ginn die ich weiss, der hogenn, Büxenn, mordaxenn, Bullfer vnnd steinn, spieswegenn, deren On zall, Item das schützern panner, der statt fenndlj vnnd sunst zwey fenndlj, vnnd hatt vnns die zal der lüttenn geacht, Ob denn sechszechennhunderit, vnd acht predicanntenn, da auch vnn Zwingli Einer Was, des glichenn einn Grosse zall vss beidenn Rätthenn etc.

Zum Ersten jst der Houptsecher mitt anderen Pfaffen geschriben die selben pfaffen sind aber nit all vss der Statt Zürich etc.

Meister Volrich Zwinglj[2]),
Folgen weitere Geistliche.
Dann die Zurftmeister: Schweizer, V. Kuhen, Thumeisen, Pfundscblj (Bluntschli?), Hab, Funck, Frei, Wegmann und Biegenn (?).
Dann ein Verzeichnuss der städtischen Gefallenen.
Fortsetzung:
Darnach auch viel gefanngen vff mittemtag bracht man das gschütz alles zuosamenn, vnnd liess eines (?) all nach einannderenn ab.

Ittem man verwilligett auch das der Zwinglj sölt gfierttheilt werden vnnd demnach verbreont werden, als auch geschach." Nun Rath: das gewonnene Geschütz gen Zug zu führen und am Freitag gen Bremgarten zu ziehen.

IV. Der ungenannte Zuger.

„Ein kurtze beschrybung des Kreigs zwüschet der Statt Zürich, und den V. Orten. Anno 1531. Von beiden Schlachten, zu Capell und uf dem Berg, Gübel genant. Von einem Zuger beschryben."[3])

Fol. 1. „Gönstiger, Lieber Herr und Bruder:
„Ich schiken Euch hie die Acta, so sich in verruktem kreig zwüschet vns vnd vnseren widersächeren verlanfen hat, so vil mir ze wüssen ist: Und hat sich allso erlofen, dann Ich der dingen zum Theil fast wol bericht bin. Bitten Euch, Ihr wöllend mich allzeit für den Euweren han, vnd mir zu wüssen thun, worinn Ich Euch gedienen könne, sond Ir mich allzeit gantz willig finden. Hiemit sind Gott befolen."
— Folgt hierauf der Luzerner Abschied geschildert, der den Beschluss der Zusammenkunft in Theil enthielt, von wo ein Theil der Truppen nach Boswyl abgieng, während die Grosszahl gegen die Zürcher zog wie folgt:

Fol. 3. „Uf St. Burkarts abend, am Ziestag X. octobris kamend den 4. Waldstät mit Iren Paruieren gen Zug jn die Stat, mit samt dem findlj uss dem Eschenthal.

„Darnach uf Mitwuchen St. Burkharts Tag XI. octobris zugend die V. Ort mit samt Iren Panneren uss der Stadt Zug, nach dem Morgenbrot umb die 9. stund uf

---

[1]) Manuscript: nach (ohne Sinn).
[2]) Dieser Name vnd der neue Absatz gross nnd roth geschrieben.
[3]) Diess der Titel des folgenden Manuscripts, nach der P. Füsslischen Chronik, von Peter Füssli, Bibliothekar, 29. Juny 1665 der Bibliothek geschenkt, und offenbar von diesem geschrieben.

Capell zu, über unsre Almänt uss, uf den Rheyn innert der Loretzen, am anstoss des schmalholtzes. Da schwurend Meine Herren von Zug Ihr ordinantz, die anderen Ort aber schwurend Ihr ordinantz uf unser Almänt.

„Als Meine Herren Ihr ordinantz geschworen hatend, knüet menklich nider, und bätet man V. pater noster, V. Ave Maria, mit dem glauben.

„Darnach nam man Amman Toser zu Unserem haubtman.

Hauptleute: „Von Luzern was Schultheiss Golder haubtman". Uri Jakob Troger, Ammann daselbst. Schwyz Amman Rychmut. Unterwalden Amman Zelger. Pannerherr Luzern Junker Wendeli Sonnenberg. Fol. 4. Von Urj Hans Pruxer. Schwytz Hieronymus Schorer. Unterwalden Pannermeister Wirtz. Zug: Wolfgang Koly. „Die warend all vorhin erwelt, und zu Pannerherren genommen vor diesem zug."

„Als nun die ordinantz geschworen was, ermantend die haubtleüt Ihre knächt by dem Allerhöchsten, was uns geursachet hete zu diesem kreig. Trostend sy früntlich mit dapferem gmüt, und guten worten, als billich, und noth ist an sölichen orten.

„Zugend also im Nammen Gottes mit der vorhut vordannen, biss uf den Yfelsperg nebet dem Wald har, da sahend wir die feind zu scheuren, ob dem Closter Capell, by dem Sennhauss, wider und für laufen, und sich rüsten in die gegenwehr.

„Also macht man ein ordnung, und zoch die vorhut vordannen, mit etlichen grossen Stuk büchssen, durch das Neuen Gut, hinder dem Steinen Gaden hinuf, gen Hagen zu.

„Stundend also still, wartetend uf den Schlachthaufen der V. Panneren.

„Was unser meinung gestrax die feind anzegryfen.

„Geschach etwa mäuger schutz zu uns uss hagken, und anderen grossen stuken.

„Also zoch uns der Schlachthauf nach biss an die gassen die von Yfelsperg zum Closter goth. Da schwalt sich der hauf. Dann man meinet die feind stundend in eim grossen forthel, hinder ihrem geschütz; so werind biss an die feind vil gräben, und rauche (fol. 5) wäg (? häg, s. p. 21), darzu eben, mochtend nit an sy kommen dann mit grossem schaden, und nachtheil, als auch beschehen war.

„Da ward ein ander anschlag gemacht, namlich, so solt man die vorhut widerum abmahnnen, dann man wolte widerum under dem Kloster durchziehen und die höche an d' hand nemmen, und durch den wald angryfen, so würde uns der wald vil schirms gen, als auch beschach.

„Disem anschlag ward gelebt, zoch man also hinder dem Closter, und St. Marxen Kilchen hinauf, biss uf den Reyn an die strass, die von Schüren gen Eberhartschwyl goth; Staltend Unser g'schütz uf dem Reyn gegen der Strass. Lagend also zerströüet uf dem feld.

„Dess sich aber der abend fast begoth, und sich die Sonn neigte, dass die Haubtleüt vermeintend nit mehr anzegryfen, ritend also hin und har das volk zubesichtigen, und das Läger zuschlahen, das aber nit beschach, dann wir gar zenach an dem feind lagend.

„Da der gemein mann sach dass die Haubtleüt ein Läger woltend schlahen, gefiel es dem gemeinen mann nüt.

„Und es sömlich vermant ir einer den anderen.

„Zugend unsere Büchssenschützen uf die link hand durch den wald.

„Desgleichen ander redlich g'sellen, mit ihnnen, allenthalben durch den wald, wo es eim ieglichen glägen was.

„Als wir nun durch den wald kamend, so fehr dass man die feind sach, da schrey man einander zu, und gryffend unser Büchsenschützen am ersten an.

Fol. 6. „Schlug man ein lärman. Fielend uss dem wald, wo es eim iedem gelägen was.

„Als wir nun angryffend, stundend unser Panner mit dem grösten volk nach hinderm wald, by unserem g'schütz;

„Und da man lärmen schlug, lüffend sy auch dem wald zu.

„Aber er und Sy mit den Panneren uss dem wald kamend, was die gröst noth unserthalb überhin, und der feind in die flucht geschlagen. Jagt man ihnen nach biss an den klein Albiss, und etlich darüber, biss uf Törlen zu, doch so blib der gröst hauf by den Panneren, unden an dem kleinen Albiss.

„Da hat man fyrabend, dann es was spaat, knüet man nider, und bätet ein ieder V. pater noster.

„Zog man also wider uf die walstat. Etlich aber zugend in das Closter. Aber die Panner mit samt dem grösten haufen blybend uf der walstat, lägertend sich wie man mocht, blyben alsso da von der Mitwuchen biss an frytag, den 8. tag, wie dann der Eidgnossen brauch was.

„Am frytag brachend wir mit dem Läger uf.

„Zugend durch das fry Amt nider gen Ottenbach, blybend da biss an Samstag uf den abend."

V. Jahrzeitbuch Menzingen.

Nro. 20. Kappel. Als im Jahr 1531 den 10. Weinmonat die neugläubigen Zürcher abermals sich vor Kappel lagerten, zogen mit voran geschicktem Kriegsmanifest die fünf katholischen Orte Tags darauf aus ihrem Hauptlager von Zug über Baar gegen dieselben aus und als sie auf das Feld oberhalb Bliggistorf, „Obern" genannt, gekommen waren, knieten die fünf Orte mit ihren Kriegsleuten nieder und beteten andächtig zu Gott dem Allmächtigen, zur seligsten Jungfrau Maria und zum ganzen himmlischen Heer, auf dass ihnen die Gnade zu Theil werde und Stärke, damit sie den alten wahren katholischen Glauben erhalten und bewahren können. Auch versprachen sie einen Kreuzgang nach Maria Einsiedeln zu machen, und baten die seligste Jungfrau, sie möchte ihre Fürsprecherin sein bei Gott dem Allmächtigen und wolle ihnen die Gnad geben, den Feind zu überwinden. Nach der Schlacht verrichteten sie auch alsbald ihre Fahrt nach Einsiedeln in solcher Ordnung, dass viele mit Harnisch und Gewehr auszogen, und nichts assen und tranken als Brod und Wasser. Mittlerweile aber ritten Ammann Doss von Baar, und Herr Weingartner, ehemaliger Mönch von Kappel, und damaliger Kirchherr von Zug weiter vorwärts, um die Zürcher auszukundschaften, und brachten dann Nachricht: dass die Zürcher leicht anzugreifen seien, da sie den diessseits Kappel liegenden Wald nicht besetzet hätten. Darauf zog das Heer der fünf Orte bei des „Fricken" Haus[1]) näher an den Wald, und Vogt Jauch von Uri legte 300 Schützen und den Schützenfähndrich von der Stadt Luzern in den Wald; und stellte andere 400 Spiessknechte, um blinden Lärmen zu machen, auf dem Haldegerfeld auf. Während die übrigen Hauptleute und Kriegsräthe sich schon wirklich über den Angriff beriethen, kam Vogt Jauch aus dem Wald wieder zu ihnen zurück und bat um Erlaubniss, angreifen zu dürfen, was ihm aber rundweg abgeschlagen wurde, aus dem Grund, weil der Tag schon grossentheils vorbei sei und es kürze jüngsthin vor Mayland[2]) desswegen nicht gut gegangen sei, und weil dieser Tag gerade das Fest der unschuldigen Kinder sei, an welchem Tag sie kein unschuldiges Blut vergiessen wollen. Hans Jauch, gewesener Landvogt zu Sargans, war aber nicht nur ein Held, sondern auch ein Staatsmann, und widerlegte nun diese Gründe gänzlich. Er wendet ein: „dass durch Verzögerung der Feind nur noch stärker und die Gefahr grösser werde; und dass an diesen ungläubigen Zwinglianern kein unschuldiges Blut könne vergossen werden." Unwillig rafft er sich zu den Seinigen in den Wald hin, belauscht das feindliche Lager noch einmal genau, führt jene Schützen bis an das Ende des Waldes und lässt sie im Namen der hochheiligsten Dreifaltigkeit stehen. Diejenigen, welche auf dem Haldegerfeld aufgestellt waren, zogen sich schnell in den Wald zurück, als die Zürcher ihr Grossgeschütz auf sie gerichtet hatten, und drangen dann von der anderen Seite her wüthend auf die Zürcherschanz ein. Es wurde freylich Hartman Reichmuth von Schwyz mit strengem Befehl, nichts weiters zu unternehmen, von dem Kriegsrath aus dem Vogt Jauch in den Wald nachgeschickt. Allein da der Angriff schon geschehen und Reichmuth den grossen Vortheil derselben gewahr wurde, so ver-

---

[1]) Da nur das jetzige Allenwinden freies Eigenthum, alles übrige Lehen des Klosters war, so wird diese Bezeichnung eines Eigenthümers auf Allenwinden passen, da zudem Malenstein auch genannt wird. (Bull.)

[2]) 1515 Freitag vor Kreuzerhöhung war ein zweites Treffen (das erste 1512) bei Mailand, wobei nur „vom Ort Zug in die 118 Mann umgekommen, aus der Stadt Zug allein 91 Männer". (Auch im Jahrzeitbuch Menzingen Nro. 17 („Mayland").

heimlichte er seinen Auftrag, sprang vom Pferd und stritt selbst tapfer mit; indessen wurde der Lärm hörbar und laut und die fünf Orte eilten eilig den Ihrigen in den Wald zu Hülfe; aber nur noch die Leichtbewaffneten kamen zum Streit, da jene 700 theils Schützen, theils Fussknechte vermittelst des mit Vogt Jauch verbundenen Heldenmuth Jauchs (?) die Zürcherschanz schon bestiegen, ihr Lager über einen Haufen geworfen, und den Feind zur Flucht gegen den Albis getrieben hatten, auf welcher dann das katholische Heer gemeinschaftlich denselben bis in die späte Nacht verfolgte und auf der Flucht noch bei 400 der Feinde erlegte. Nachdem die Unsrigen auf das Schlachtfeld zurückgekehrt waren, fielen sie auf die Knie, falteten ihre Hände, dankten Gott und Mariä seiner jungfräulichen Mutter, wie auch dem ganzen himmlischen Heer für den so herrlich erfochtenen Sieg und beteten 5 Vater Unser, 5 Ave Maria und den katholischen Glauben nach altem Brauch.

Von den 5 katholischen Orten sind bei diesem Treffen nur 11 Mann geblieben. Von Menzingen: Martin Meienberg und Lorenz Bär von Oelleg. Sie hatten dem Feind, nebst unzähliger Kriegsmunition und Proviant 19 Stück auf Rädern erbeutet, nebstdem das Stadtfähnlein von Zürich selbst, und anderes mehr. Von den Zwinglianern sind auf dem Schlachtfeld todt geblieben 1642, darunter Gerolds-Eck ein Mönch, und der abgefallene Abt zu Cappel, Wolfgang Joner. Ulrich Zwingli lag tödtlich verwandet auf dem Antlitz im Blut, welchem, als er endlich erkannt wurde, noch ein Beichtvater anerboten wurde, aber da er es mit Kopfschütteln ausschlug, Hauptmann Juckinger von Unterwalden seinen Hellebarden in den Leib stiess und seinem Leben so ein Ende machte. Am folgenden Tag Donnerstag den 12. Weinmonat wurde Standrecht gehalten über den todten Körper dieses ehrlosen Gott und den Menschen untreuen, meineidigen, gelübdbrüchigen Erzketzers und böswilligen Verführers des Volkes. Zu Folge dessen wurde Ulrich Zwingli durch Hans Scharfrichter zu Lusern erstens als ein Verräther der ganzen Eidgenossenschaft vervierttheilt, und darauf als Erzketzer zu Aschen verbrannt.

Inhaltsverzeichniss.

	Seite
Vorrede	3
Litteratur	5
A. Kritik der Quellen.	
Uebersicht	10
I. Augenzeugen (Füssli und Huber. Golder, Hertenstein, der Zuger und Blättler)	11
II. Geschichtsschreiber (Salat, Tschudi und Jahrzeitbuch Menzingen. Bullinger und Anhang über Kessler, von Hinwyl, Jud und Neuere)	13
B. Darstellung der Vorgänge.	
I. Das Schlachtfeld.	
1. Uebersicht des Schlachtfeldes	18
2. Stellungen und Angriffslinien	20
II. Die Bewegungen.	
1. Berathungen und Anmarsch	23
2. Angriffsversuch und Aufmarsch	27
3. Ordnungen und Kampfweise (zumeist nach Herrn Stadtrath Meyer)	33
III. Die Schlacht.	
1. Angriff und Treffen	36
2. Flucht und Walstatt	40
C. Kritik der Vorgänge und Ursachen der Niederlage.	
I. Göldli's Heeresleitung	46
II. Das Verhältniss zu Bern	49
III. Zürichs Kriegsplan und Kriegsführung (von Hrn. Oberst Rothpletz)	54
Beilage: Kunde von der Schlacht	57
D. Roddel der Schlachttheilnehmer (Zürcher und Fünfortische)	60
Anhang: Ungedruckte Quellen (Füssli und Huber. Golder, Zugerbericht und Jahrzeitbuch Menzingen)	79

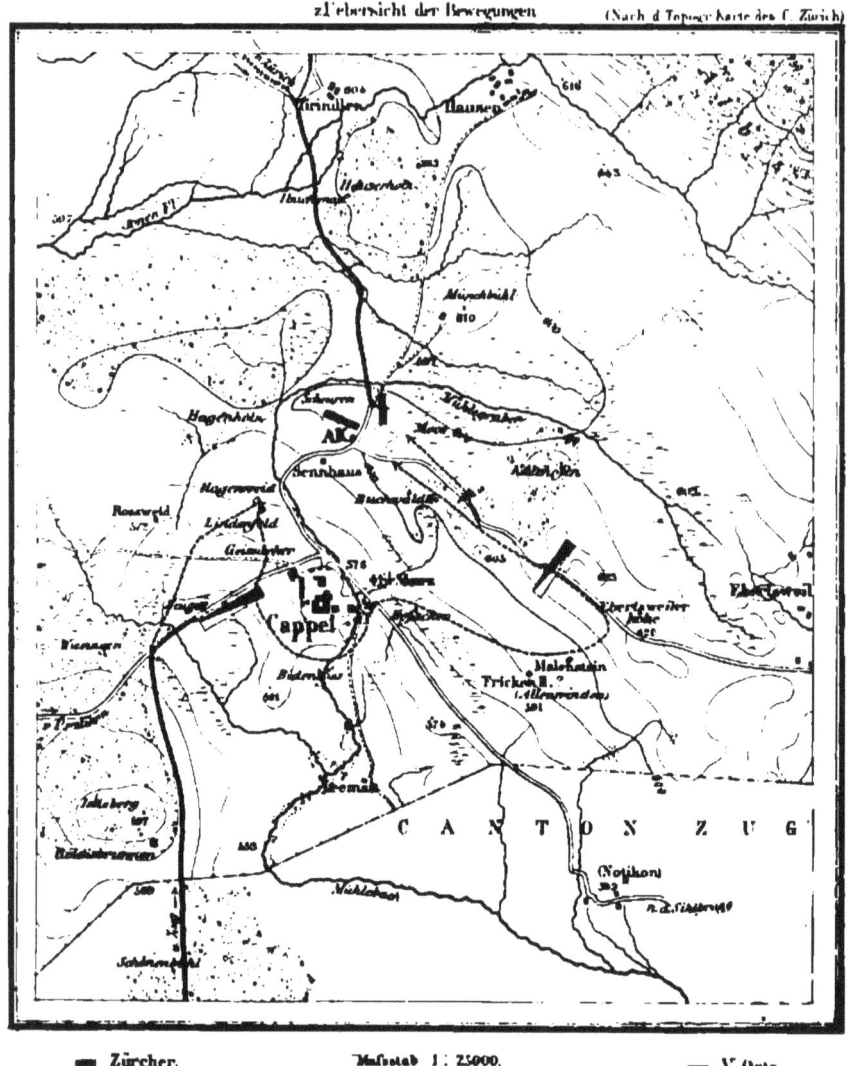

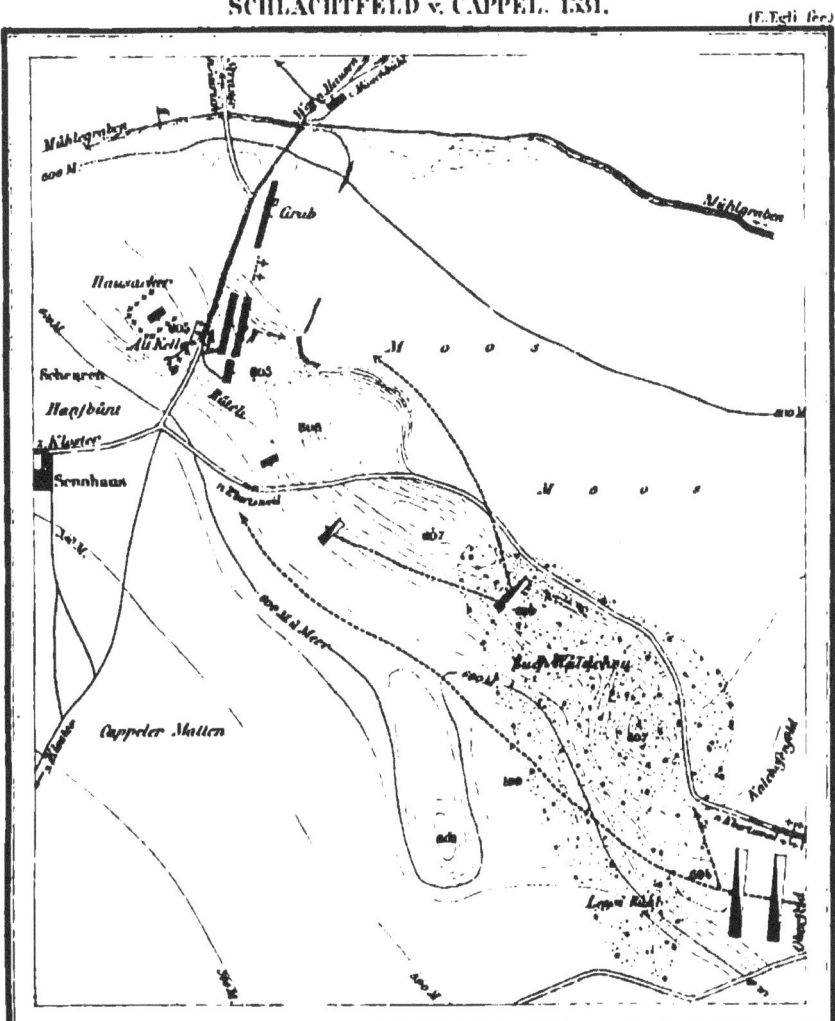